JN062254

掛川 直之

犯罪からの社会復帰を
問いなおす
地域共生社会における
ソーシャルワークのかたち

旬報社

はじめに

　福祉におけるパンドラの箱。近年の刑事司法と福祉との連携をめぐる議論は，この重く閉ざされた蓋に小さく，だが，確実に亀裂を生じさせた。その小さな亀裂から明らかになった存在，それが刑務所をはじめとする矯正施設等出所者である。そもそも，この出所者の存在は，野宿者問題が社会問題化される1990年代以降の支援現場において，すでに30-40％程度の割合で認識されてきたといわれている。それにもかかわらず，20余年にわたってそのニーズが顕在化されることはなかった。では，出所者に福祉的な支援が必要であると認識されるにいたったのはいったいなぜだろうか。

　その背景には，治安の最後の砦としてではなく，福祉のそれとして存在している刑務所の実情があった。日本の刑事司法は，元来，警察段階で検察庁へ事件送致され，検察段階で起訴され，裁判段階で懲役刑の実刑判決を受けるまでのあいだに，刑事司法の手続きから外れるダイヴァージョンのシステムを有するなど重層的に設計されているため，いくら本人が希望したとしてもそう簡単に刑務所へ入所することはできない。しかしながら，例外がある。累犯者だ。たとえ軽微な犯罪であっても，何度もくり返すことによって実刑以外の選択肢がなくなってしまうのである。こうして，生活に困窮する高齢者や障害者といった貧困・社会的排除状態におかれやすい傷つきやすい人びとの最後の砦としての刑務所が誕生することになるのだ。それでは，どうして，刑務所に収容されている高齢者や障害者は，犯罪をくり返すことでしか生活することができなくなってしまったのであろうか。

　2000年代に入って，日本の犯罪は右肩下がりで減少し続ける一方で，再犯者率の高さが問題にされるようになった。〈再犯防止〉が時代を彩るキーワードとしてもてはやされるかのようになり，刑事司法と福祉の連携が急速に進

められるようになってきた。同時に，再犯しないことがあたかも社会復帰の必要十分な前提条件であるかのように語られるようにもなってきた。雨後の筍のようにそこかしこで語られるようになった犯罪からの社会復帰や更生，立ち直りといったことは，いったい誰の，何のためのものなのだろうか。さまざまな制度がつくられ，その制度の枠にあてはめられて翻弄される。本来，社会復帰の主体であるべき出所者たちは，再犯防止の名のもとに，わたしたちの生活の安全・安心を脅かす単なる社会防衛のための客体になってしまっているのではないか。

　本書は，従来から，刑事司法や社会福祉の領域のなかで一般的に用いられてきた〈社会復帰〉という概念に着目して，その意味を問おうとするものである。現在，日本では，地域共生社会の実現を目指した諸策が展開されている。人と人とのつながりが強調され，わたしたち市民一人ひとりが主体的に社会をつくり，ともに生きていくことが求められているのだ。本書では，この〈社会復帰〉ということばがそもそも有しているはずの意味を確認したうえで，その本来の意味に立ち返って，社会福祉──ソーシャルワーク──にできること，やらなければならないことを考えていく。そうして，貧困・社会的排除状態におかれた出所者の社会復帰に必要な要素について，さらには，近年の刑事司法と福祉との連携のあり方に対して，社会福祉学，とりわけ司法福祉学の立場から批判的に考察を加えるとともに，出所者の生活によりそったソーシャルワークのあり方を模索していきたい。

第Ⅰ部

〈処遇〉から〈支援〉への
パラダイム転換

第1章

日本の犯罪の何が問題か？

1 少子超高齢社会における日本の犯罪動向

　新聞，テレビ，インターネット等，わたしたちが生活を営むうえで，犯罪報道を見聞きしない日はないとさえいえる。「水と治安はタダという時代はおわった」といわれるなかで，人びとは姿の見えない犯罪のリスクにおびえながら，異なる次元の安全と安心とを同時に夢想する。しかし実際には，2002年をピークにこの国の犯罪は大きく減少している[1]（**図1−①**）。

　毎年，その年の犯罪情勢と犯罪者処遇の実情とを報告する『犯罪白書』は，法務省が重大視する刑事政策的な主題を反映させた特集を組む。その「はしがき」には，時の法務総合研究所長による分析が掲載され，2004年版のそれにおいては，「我が国は，長らく世界一安全な国といわれてきたが，ここ10年ほどの間に犯罪情勢は急速に悪化し，今や，市民が安心して暮らすことのできる社会をいかにして取り戻すかが重要な課題」になっていると治安の悪化に警鐘を鳴らしている。だが，2006年版では「一般刑法犯の認知件数は平成14年のピークを過ぎた後，現在は減少の兆しを見せ始めているものの，依然として高水準にあり，予断を許さない状況のまま推移している」と一定の留意を促しつつも，犯罪の減少を認めるにいたっている。

　犯罪が減少すれば，刑事政策関連の予算・人員は，ともに削減の一途を辿

3

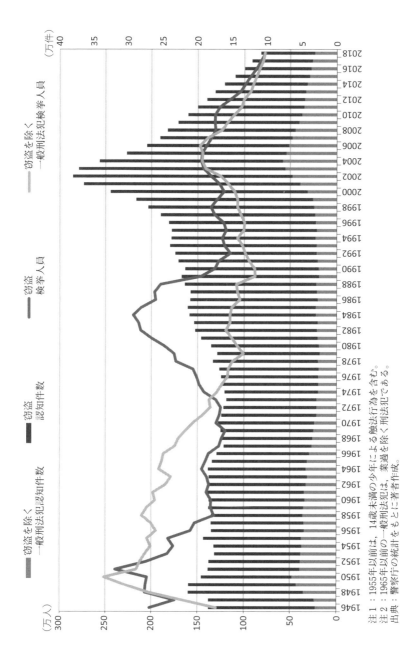

図1―① 一般刑法犯の認知件数と検挙人員の推移

注1：1955年以前は、14歳未満の少年による触法行為を含む。
注2：1965年以前の一般刑法犯は、業過を除く刑法犯である。
出典：警察庁の統計をもとに著者作成。

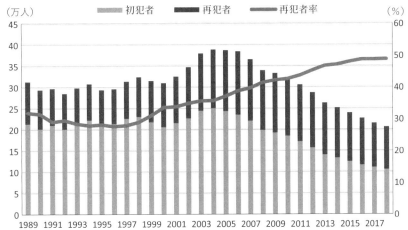

（万人）　　　　■初犯者　　■再犯者　　再犯者率　　　　（%）

注1：「再犯者」は，以前に道路交通法違反を除く犯罪により検挙されたことがあり，再び検挙された者をいう。
注2：「再犯者率」は，検挙人員に占める再犯者の人員の比率をいう。
出典：警察庁の統計をもとに著者作成。

図1-②　一般刑法犯検挙人員中の再犯者人員・再犯者率の推移

る趨勢にあることは想像に難くない。2007年版においては犯罪の多さではなく，再犯の多さに焦点をあてている[2]。報道においても，「全事件の6割，再犯『初犯段階の原因解明』提言　法務省，07年版公表」（『毎日新聞』2007年11月6日夕刊1面），「昨年の再犯者率，最悪の43%　再非行少年率も」（『毎日新聞』2011年11月11日夕刊14面）と『犯罪白書』の特集に呼応して，次第にその危険性を喧伝するようになる。こうした経緯のなかで，2010年には犯罪対策閣僚会議のもとに「再犯防止対策ワーキングチーム」が設置され，2012年には「再犯防止に向けた総合対策」を決定[3]，2014年には「犯罪に戻らない・戻さない〜立ち直りをみんなで支える明るい社会へ〜」を宣言し，2016年には「再犯の防止等の推進に関する法律」が公布・施行され，2018年には国の「再犯防止推進計画」が閣議決定されるなどして，矢継ぎ早に再び罪を犯さないための方策が展開されていく。なお，2018年における再犯者率は48.8%に及ぶ[4]（図1-②）。

　全体としての犯罪が減少する一方で，高齢者による犯罪は減少していな

い。20代前半までに活動的な犯罪者の数は半減し，28歳までには85％が犯罪から身を引くということは，世界的にみた傾向であるといわれているが（Blumstein & Cohen 1987 ; Caspi & Moffitt 1995：493）[5]，日本では，1990年代後半からこの減少がみられなくなっている（図1−③）。高齢者人口と高齢者検挙人員を比してもその増加は顕著にみられる（図1−④）。また，新受刑者の知能指数相当値の推移をみると，知的障害の診断基準であるIQ70未満の者は1979年以降20％を超え，境界域といわれるIQ70から79までの者を含めるとその数は約半数近くに及ぶ[6]（図1−⑤）。図1−⑤の「テスト不能」の者には，外国人受刑者以外の重度障害者や認知症を発症している高齢者も含まれている可能性がある。そうなると新受刑者のうち50％以上の者が何らかの障害を有しており，支援の必要な者である可能性が高いということになりそうである（我藤 2012：97）。その背景に潜んでいると考えられるのが，経済不況による生活苦や社会的孤立，社会的排除である。すなわち，日本においては，世界的な傾向とは裏腹に，高齢者・障害者等といったいわゆる傷つきやすい人びとによる犯罪が社会問題化しているのだ。「万引きは老人の犯罪」であるということはすでによく知られた事実であるが（図1−⑥），実際には財力・人脈・知的能力を備える者が刑務所に入ることはほとんどない（浜井 2009：117）。

　日本の刑事司法において刑罰の本質は，過去の行為に対する法的制裁にある。また受刑者の教育・改善を追求すべきであるという相対的応報刑論を基礎とし，累犯加重を機械的に適用する傾向がみられるため，裁判所をはじめとした法曹三者に，判決までの段階で，被疑者・被告人の生活基盤を整え，更生させるという意識が乏しい[7]。その結果，生活の基盤を失った多くの高齢者や障害者等が軽微な犯罪をくり返して実刑となっている。矯正施設[8]が社会的な制度のなかで唯一，対象者の収容にあたって「受け入れ拒否のできない機関」になっているというわけである（浜井 2011：105）[9]。

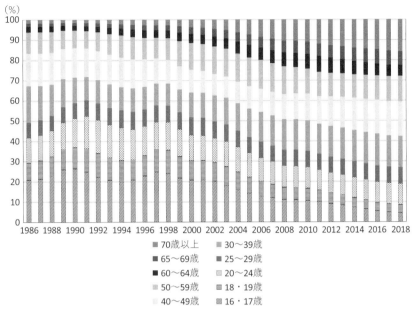

出典：『犯罪白書』をもとに著者作成。

図1－③　一般刑法犯検挙人員の年齢層別構成比の推移

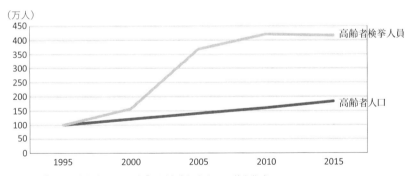

出典：『高齢社会白書』および『犯罪白書』をもとに著者作成。

図1－④　1995年を100としたときの高齢者人口と高齢者検挙人員の推移

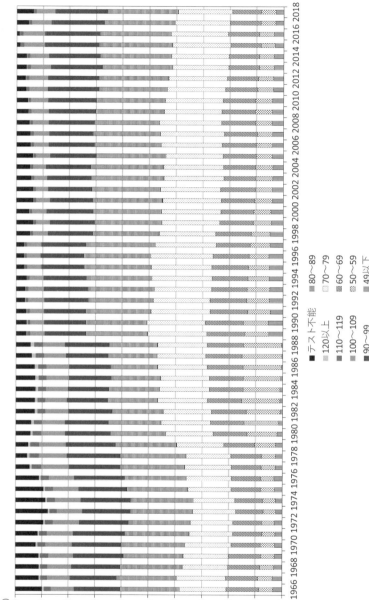

出典：『矯正統計年報』をもとに著者作成。

図１—⑤　新受刑者の能力検査値の推移

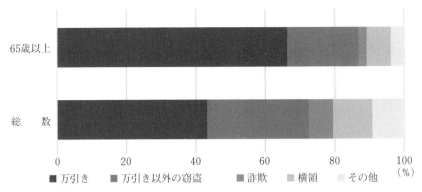

図 1 －⑥　一般刑法犯高齢者の検挙人員の罪名別構成比

2　増加を示す再犯と刑事司法と福祉の連携

　2018年現在，刑務所への再入受刑者の割合は59.7％[10]（図 1 －⑦）。そのうち50％近い者たちに帰住先がなく，70％を超える者たちが無職であったとされる。このことからも社会的孤立，社会的排除の深刻さが浮かびあがってくる。また，近年の刑事立法の厳罰化にともなう罰金の高額化の影響もあり，罰金刑の言い渡しを受けた者のなかにもそれを納付することができず，労役場に留置される者の数も増加傾向にある。さらに，仮釈放の運用も年々硬直化傾向がみられる。

　この厳罰化傾向は，日本だけに特有の問題ではなく，グローバル化とそれにともなう新自由主義のもとで横行する世界的な潮流でもあるといえる[11]。この点，Bauman（1998）は，福祉国家の衰退にともなって余剰人口層の処分を刑事司法が担うようになってきたと分析し，Wacquant（2009）もまた貧者の福祉国家的統制から処罰による刑罰的統制への移行を説いている。

　日本においても，石塚（2002），村井（2006）などによって，厳罰化による不寛容な統治様式の遂行が批判的に検討されている。元来，日本の刑事司

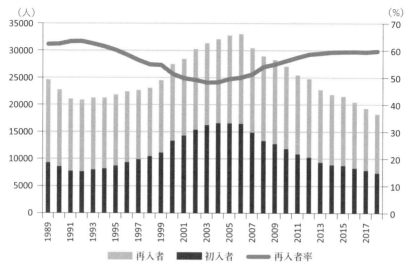

出典：『矯正統計年報』をもとに著者作成。

図1－⑦　入所受刑者人員・再入者率の推移

法においては，犯罪を個人のモラルの問題として累犯者には重い刑罰を科す
ことで対応されてきた。同時に，たとえ生活に困窮したために高齢者や障害
者が罪を犯したとしても，警察に逮捕された時点で犯罪者とみなされ，福祉
がかれらを特別視して手をひいてしまう傾向がみられていたという。そうし
て警察で微罪処分となり，検察で起訴猶予処分となったとしても，福祉的な
支援がなければ社会生活を立て直すことができず，結果，再犯をくり返すこ
とになり，累犯者として実刑以外の選択肢がなくなってしまうという問題が
指摘されてきたのだ（浜井 2013a：13-14）。さらに，堅田・宮下（2012）は，
生活保護の不正受給対策として，窓口に退職警察官を配置し，生存権を支え
る最後の砦である生活保護の現場に警察権力が介入していることに警戒を促
している[12]。

　このような状況のなかで，山本（2003）や浜井（2006）を契機として，刑
事司法の領域に福祉的な支援の必要性がメディアをとおしても注目されると
ころとなり，その状況はめまぐるしく展開していくことになる（表1－①）。
とりわけ，長崎県の社会福祉法人南高愛隣会の田島良昭を旗頭とした厚生労

働科学研究費補助金障害保健福祉総合研究事業「罪を犯した障がい者の地域生活支援に関する研究」の成果は，その前後の監獄法改正や更生保護法の成立とともに，のちの制度設計に強大な影響をもたらした。とりわけ，2009年以降，高齢もしくは障害を有する受刑者を福祉的支援につなげるための準備を保護観察所と協働して進める地域生活定着支援センターの設置は，刑事司法と福祉の連携を進めるうえでの大きな一歩となったといえよう。

3　貧困・社会的排除のスパイラルと犯罪

　刑事司法における福祉的な支援が注目されるなかで，社会現象としての犯罪の捉え方にも新たな概念が用いられるようになってきた。社会的排除，そしてそれと対になる社会的包摂という概念だ[13]。これらは，従来の貧困とは異なった「新しい貧困」，すなわち社会に十分に参入できない人びとが存在していることを訴えるために用いられた社会（福祉）政策上の概念である。貧困の概念が経済的な資源の不足に焦点をあてるのに対して，社会的排除のそれは社会関係の不足に着目するところに特徴がある。岩田（2008：17-18）によれば，フランスで生まれたとされるこの概念は，1970年代以降，福祉諸制度からこぼれた人びとの存在が指摘され，連帯の思想にもとづいて「排除された人々の社会的なコミュニケーションやネットワークの回復に社会の側が責任を持つ」という意味合いで使われはじめたものだという。さらに1980年代以降，EU 全体で若年失業者問題が課題とされるなかで社会的包摂と対で語られるようになったといわれている。2000年以降には，EU 共通の目標として社会的排除との闘いが最重要視されるようになり，イギリスのトニー・ブレアが首相に就任した直後に立ち上げられた Social Exclusion Unit において大々的に取り上げられるようになる[14]。

　社会的排除という概念は，ある人がその帰属する社会の人びとが通常おこなっている社会活動や社会関係への参加を拒まれている状態を指し，複合的な不利の連鎖や，そのプロセスを重視するものである（福原編 2007；岩田 2008；全 2015など）。この概念を用いることには，これまで個々別々に把握

表1−① 刑事司法と福祉との連携の系譜

年 月	社会福祉	刑事司法
2000年7月	「社会的な援護を要する人々に対する社会福祉のあり方に関する検討会」設置	
4月	介護保険法施行	
5月	社会保障基礎構造改革	
2001から2002年		名古屋刑務所受刑者暴行死傷事件
2002年6月		更生保護施設の処遇内容の充実化
8月	ホームレス自立支援法成立	
2003年7月	心神喪失者医療観察法成立（2005年7月施行）	
12月		山本譲司『獄窓記』出版 「行刑改革会議提言～国民に理解され，支えられる刑務所へ～」
	「犯罪に強い社会の実現のための行動計画～『世界一安全な国，日本』の復権を目指して～」（犯罪対策閣僚会議）	
2004年から		刑事施設への精神保健福祉士の配置開始
7月		浜井浩一『刑務所の風景』連載開始
2004から2005年		保護観察対象者等による重大再犯事件（奈良，愛知，青森等）
2005年5月		監獄法改正（2006年5月，2007年6月段階施行）
7月		「更生保護のあり方を考える有識者会議」設置
12月	障害者自立支援法成立（2006年10月施行）	所在不明者対策の強化（法務省と警察との連携）
2006年1月		下関駅放火全焼事件（知的障がい系犯者による）
4月	刑務所出所者等総合的就労支援事業（法務省と厚労省の連携）	
		法テラス設立
9月		性犯罪者処遇プログラム開始
10月	「刑事施設，少年院における知的障害者の実態調査」実施	
		被疑者国選弁護制度の運用開始
12月	障害者権利条約採択	
2006から2008年	「罪を犯した障がい者の地域生活支援に関する研究」（南高愛隣会）	
2007年から		刑事施設への社会福祉士配置開始
4月	「全国の知的障害者施設における罪を犯した，又は反社会的行動のある人達の実態調査」実施	PFI刑務所内の特化ユニットの設置
6月		更生保護法成立（2008年6月施行） 覚せい剤犯処遇プログラム，および暴力防止プログラム開始
10月	「これからの社会福祉のあり方を考える検討会」設置	
	沼田町就業支援センター設置開始（北九州自立更生促進センター，茨城就業支援センター，福島自立更生促進センターを含める全4ヶ所）	
2008年3月	刑務所出所者等就労支援事業（法務省と厚労省の連携）	
12月	「犯罪に強い社会の実現のための行動計画2008」（犯罪対策閣僚会議）	
2009年1月	NPO法人全国就労支援事業者機構設置開始	
4月		全刑務所への福祉職員の配置 指定更生保護施設特別処遇の開始（福祉職員の配置）
5月		被疑者国選弁護制度の対象事件範囲拡大 裁判員制度の開始
7月	地域生活定着支援センター設置開始 地域生活移行個別支援特別加算	
2009から2011年	「触法・被疑者となった高齢・障害者への支援の研究」（南高愛隣会）	
2010年4月	社会内訓練事業開始	
9月	再犯防止対策関係省庁連絡会議	
10月		飲酒運転防止プログラム開始
12月	再犯防止対策ワーキングチームを犯罪対策閣僚会議に設置	
2011年4月	自立準備ホーム設置開始 更生保護就労支援モデル開始	
		最高検察庁「検察改革推進室」設置
6月		刑事施設への介護福祉士を配置

7月		知的障害者に対する取調べの可視化（録画・録音）試行（検察3庁） 心理・福祉関係者による取調べの助言・立会いの試行
	「刑務所出所者等の再犯防止に向けた当面の取組」を策定（再犯防止対策ワーキングチーム）	
10月		知的障害者に対する取調べの可視化（録画・録音）試行（検察全庁）
2012から2013年	「罪に問われた高齢・障がい者等の社会内処遇を支える支援体制の構築について」(南高愛隣会) 障がい者審査委員会設置（長崎）	
2012年	地域生活定着促進事業（地域生活定着支援事業からの名称変更）	
4月	「生活困窮者の生活支援の在り方に関する特別部会」設置	薬物依存回復訓練の委託制度開始 社会貢献活動の先行実施
6月	障害者総合支援法成立（2014年4月施行，障害者自立支援法からの名称変更） 地域移行支援の拡大	最高検察庁「刑事政策専門委員会」立上げ
7月	「再犯防止に向けた総合対策」（犯罪対策閣僚会議決定）	
		精神障害者に対する取調べの可視化（録画・録音）実施（検察全庁）
2013から2014年	「罪に問われた高齢・障がい者等への切れ目ない支援のための諸制度の構築事業」(南高愛隣会)	
2013年1月		東京地方検察庁「社会復帰支援室」への社会福祉士の配置
4月		職場定着協力者謝金制度の開始
6月	障害者差別解消法成立（2016年4月施行）	刑法等改正法成立（刑の一部執行猶予制度等） 薬物処遇重点実施更生保護施設指定開始
7月	調査支援委員会設置（障がい者審査委員会からの名称変更）	
9月	司法福祉センター試験運用開始（長崎）	
10月		起訴猶予者に対する更生緊急保護事前調整の試行 仙台地方検察庁「刑事政策推進室」への社会福祉士の配置
		札幌地方検察庁「社会復帰支援室」への社会福祉士の配置
12月	生活困窮者自立支援法成立（2015年4月施行）	
	「世界一安全な日本」創造戦略（閣議決定）	
2014年2月		受刑者専門求人の運用開始
4月		女子施設地域支援モデルの運用開始
6月		刑事施設への福祉専門官の常勤設置開始
12月	「宣言：犯罪に戻らない戻さない～立ち直りをみんなで支える明るい社会へ～」（犯罪対策閣僚会議）	
2015年4月	生活困窮者自立支援制度開始	いきいき・きょうせいプラン2015 起訴猶予者に対する更生緊急保護の重点実施の全国実施 協力雇用主に対する就労・職場定着奨励金および就労継続奨励金支給開始
6月		新少年院法および少年鑑別所法施行
8月		矯正医官の兼業及び勤務時間の特例等に関する法律施行
2016年5月	「刑務所出所者における認知症者の追跡調査と福祉的支援等の課題解決に向けた司法と福祉の試行事業」開始	
		取調べの録画・録音制度導入 被疑者国選弁護制度の対象事件範囲拡大
6月		薬物使用等の罪を犯した者に対する刑の一部執行猶予制度開始
7月	「薬物依存症者・高齢犯罪者等の再犯防止緊急対策～立ち直りに向けた“息の長い”支援につながるネットワーク構築～」策定（犯罪対策閣僚会議）	
		明石市更生支援ネットワーク会議発足
11月		コレワーク業務開始
12月		再犯の防止等の推進に関する法律成立・施行
2017年5月		更生保護施設退所者に対するフォローアップ事業の開始
12月		再犯防止推進計画閣議決定
2018年3月		刑事施設における職場体験制度導入
4月		東京矯正管区および大阪矯正管区に更生支援課を設置 「保護観察所が行う入口支援」開始
6月		被疑者国選弁護制度の対象事件範囲拡大

出典：著者作成。

されてきた福祉国家の諸制度からこぼれ落ちた諸問題を，総合的に把握できるようになるという利点がある[15]。日本では主としていわゆる「ホームレス」問題を論じる際に用いられてきた概念であるが，失業，多重債務，ひきこもり，自殺，DV や児童虐待，そして「刑余者」[16] と称されることの多い出所者の問題を考えるうえでも，重要なアプローチになりうると考えられている[17]。

　社会的排除の対象とされる人びとのなかでも，出所者に対する社会からのスティグマの強さはとくに甚大である。Veysey（2008：4）は，出所者に対して「私たちは人びとに犯罪を止めてほしいと思っているが，学校の先生として子どもたちに教えたり，上司にしたり，近所づきあいをしたいとは思っていない」と，新たな（あるいは元の）役割につく可能性は制限されており，過去に罪を犯したという逸脱行為に対する目には見えないスティグマの根深さを強調している。この指摘は，犯罪行為者が再び社会で生活していくことの困難性を象徴しているといえよう[18]。

　出所者に対するスティグマの強さが社会での生活を困難にしていることに加えて，かれらは強大な国家権力の発動たる刑罰の執行によって，強制的に市民であることによって得られるべき権利を奪っていく。社会保障給付——その制度と運用とを定める諸規則——がその典型ともいえる[19]。これらの剝奪は，かれらの社会的排除をより深刻な状態へと導いていく。日本の社会保障制度は，社会保険（年金保険・雇用保険・労働者災害補償保険・医療保険・介護保険）と公的扶助（生活保護）等からなっている。これらの権利を享受する前提として，住民票が必要になることが多い。社会保障制度を利用する際，住民票の添付が求められるものがあり，それがなければ必要な制度の利用につながらないことがある。懲役刑を科せられた受刑者は，刑務作業という一定の労働を課せられているが，出所時に受けとる作業報奨金は月額約4340円（2017年度予算における平均計算額）とごくわずかであり，所持金がほとんどないままに社会に放り出される者も少なくない（法務省 HP http://www.moj.go.jp/kyousei1/kyousei_kyouse10.html　最終閲覧日2019年9月30日）。そうであるとすれば，社会保障制度を用いて，出所後の生活再建や社会復帰に向けた生活基盤を整備していかなければならないことになり，それ

が享受できうるか否かが大きな問題となる。

　刑務所等に収容される者の多くは，入所中に連絡のとれる親族等がおらず，入所前の住民票所在地において所在の確認がとれず，入所中に住民票が職権削除され，住民票を喪失する（萱沼 2017：197）。しかし，福祉サーヴィスを受給する際，その援護の実施は，居住地と密接な関係がある。介護保険法にしても，障害者総合支援法にしても，居住地の市町村が援護の実施する仕組みがとられている。住民票が職権消除されていた場合には，「昭和36年7月6日矯正甲610号法務省矯正局長通達」，「昭和32年6月19日社発第441号厚生省社会局長通達」にもとづき収容されている刑務所等の矯正施設に住民票を設置し，援護の実施地者とする運用がとられている（萱沼 2017：197）。また，刑務所等の矯正施設所在地の支給決定等の事務および費用負担が過大にならないように，生活保護施設，養護老人ホーム，介護老人保健施設，軽費老人ホーム，有料老人ホーム，障害者支援施設，児童福祉施設等の「居住地（住所地）特例施設」に指定された施設への入所については，刑務所等の矯正施設入所前に居住地を有していた市町村が援護の実施者として取り扱われることとなっている（全定協 2020：77）。なお，生活保護については，「昭和38年4月1日社発第246号厚生省社会局長通知」にもとづき，生活保護の申請を受けた当該福祉事務所が，現在地保護の実施責任を負うものとされている[20]。

　さらに，かれらの多くは刑事司法手続きの過程のなかで失業することにもなる。それまで被用者であった者が自営業を営んでいた者と同様に，国民年金の第1号被保険者となり，それに応じた保険料納付が義務づけられることになるが，入所前にある程度の資産を有しているか，入所中に被収容者に代わって保険料を納付する者がいない限り，被収容者が月額1万6410円（2019年度）の保険料を納付し続けることは困難である（日本年金機構 HP https://www.nenkin.go.jp/faq/kokunen/seido/hokenryo/20150331.html　最終閲覧日2019年9月30日）。そのため出所後に必要な社会保障制度の利用につながらず，行き場を失い，再び罪を犯すという構造的問題にも焦点があてられている。

　刑務所等からの出所後，生活を再建するためには，すみやかに居住地を確

保し，住民票を取得することが重要になる。支援者がついていれば，上述した手続きをおこなうことができるが，支援者がついていなければ，この煩雑な手続きを出所者自らがおこなうことは難しい。住民票によらない社会保障資格を個別に識別できる仕組みの導入とともに（萱沼 2017：202），作業報奨金の賃金制導入等を再検討し，必要な福祉的支援が必要な時期に適切におこなわれる必要性が把握されつつある。何よりも刑務所等への拘禁は，社会との隔離を意味するため，できうるだけ回避するべきである[21]。ダイヴァージョンを積極的に活用し，この貧困・社会的排除のスパイラルを断ち切る必要があるだろう。

〔注〕
1） 浜井（2013b）は，2002年をピークとする認知件数の急上昇・急下降の理由を，街頭犯罪をターゲットとした数値目標を設定したことによってもたらされたものであり，そこに防犯意識の高まりが加わったものであると分析している。
2） 2007年版，2009年版，2011年版，2016年版では，再犯に関する特集が組まれている。また2012年には，犯罪対策閣僚会議において「再犯防止に向けての総合対策」が策定された。同年の『犯罪白書』では再犯防止を重要課題と捉えたうえで，社会復帰支援に関する特集が組まれている。さらに，2016年末には「再犯の防止等の推進に関する法律」が成立し，2017年版には「更生を支援する地域のネットワーク」に関する特集が組まれるにいたっている。そして，2019年には『再犯防止推進白書』なるものが創刊されている。
3） 「平成19年版犯罪白書によると昭和23年以降の犯歴100万人（犯歴の件数は168万495件）を対象とした調査の結果，総犯歴数別の『人員構成比』では，初犯者が71％を占め，繰り返して犯罪を犯す再犯者は29％にとどまるのに対し『件数構成比』では，再犯者による犯歴の件数が58％を占めており，このことは，約3割の再犯者によって，約6割の犯罪が行われているという事実を示している。……また，平成23年版犯罪白書によると，平成22年における一般刑法犯検挙人員に占める再犯者の比率は43％，刑務所への入所受刑者人員に占める再入者の比率は56％であり，いずれも近年において上昇傾向が続いている。……さらに，刑務所出所者や保護観察中の者による重大事犯が後を絶たないことをも考慮すると，再犯防止対策は，『世界一安全な国，日本』復活の礎ともいうべき重要な政策課題である」という（犯罪対策閣僚会議 2012）。

4）　ここで注意しなければならないのは，再犯率と再犯者率とは似て非なる概念であるということである（前野 2014：37）。再犯率は，かつて犯罪をおこなった者が再び犯罪をおこなう比率を指す。一方，再犯者率は，犯罪者として検挙された者のなかで，犯罪前歴のある者の比率を指す。前者は，追跡調査によらなければ特定できないが，後者は前歴調査によって特定することができる。対策を立てる際，より重要な概念は前者であるが，被追跡者のプライヴァシー等の観点から正確な測定は困難であり，前者を後者で代用することはできない。再犯者率の上昇は，初犯者も再犯者も減っているが初犯者の減り方が再犯者のそれを上回っている，または再犯者は増えているが初犯者が減っている，もしくは初犯者も再犯者も増えているが再犯者の増え方が初犯者のそれを上回っているときに起こりうる（岡邊 2015；2016）。再犯者率をみるときには，犯罪全体の数が減少していると，初犯者が減少するとともに再犯者が減少していたとしても再犯者率は増加することになるということに注意が必要である。近年の再犯者率の上昇は，検挙される初犯者が，再犯者を上回るペースで減っているため，再犯者率の上昇としてあらわれている。

5）　人生を発達プロセスとみて，年齢よりもむしろ，幼児期，児童期，青年期，成人期といった発達段階に着目し，特定事象の持続性と時間の経過にともなう変化を動的に理解するライフコース犯罪学が日本においても注目されている。この考え方は，時間幅，タイミング，主な人生出来事の順序，のちの社会的発達のなかで示される結果について関心を有する点に特徴がある。就職や結婚などといったターニングポイントが発達の道筋を示す軌跡を修正できることを示唆している（Sampson & Laub 1995）。

6）　測定の方法にもよるが，一般的には IQ100 が平均値とされており，IQ120 で秀才，IQ140 で天才だといわれている。

7）　浜井（2013a：149）はこれを「遠山の金さん司法」といい，竹村（1997：17）は「処罰神話」「刑事司法神話」という。

8）　「矯正施設」とは，刑務所（含．少年刑務所）・拘置所・少年院・少年鑑別所・婦人補導院をいう。なお，刑務所（含．少年刑務所）・拘置所・留置施設（留置場）はとくに「刑事施設」ともいう。

9）　宮澤（1996：24）はこの状態を，社会福祉の尻拭いを刑事司法がおこなっていたと指摘する。このように刑事司法と福祉との接点は以前から指摘されていたことではあるが，刑務所の目的は社会との隔離にあり，福祉施設のそれは社会との接点をもち続けながら生活を続けることにあるはずである。根本的な目的が違うという事実を認識しておく必要があろう。なお，中島（2011：52）は，「法務省矯正官署の平成22年度の予算額は2300億円で，矯

正施設の収容者は 7 万 5,000人である。ひとりあたりの排除コストは300万円という計算になる」と一人の受刑者の処遇に要するコストを試算している。福祉的支援を要する受刑者を刑務所に収監することにこれだけのコストをかける必要が，果たして本当にあるのだろうか。

10)　2019年版の『犯罪白書』によれば，刑事施設被収容者の年末収容人員は，2006年に1956年以降で最多となる 8 万1255人を記録していたが，2007年に減少に転じて以降毎年減少し，2017年末現在は 5 万3233人であり，このうち受刑者の総数は 4 万6702人とされている。この点，石塚（2016：69）は，バブル社会が崩壊し格差社会の進行するなかで厳罰主義の刑事政策が進められ，刑務所人口，無期懲役の判決，死刑判決とその執行が増加する一方で，司法制度改革が挫折して精密司法から重点主義に転換されるなかで，警察の人事政策の転換がおこなわれ，日本社会の年齢構成の変化などの要因が複合的に作用して刑務所人口が減少していったと分析している。

11)　Young（1999）は，生活に困窮する人たちは労働市場から排除されながら消費者として貪欲に商品を欲するように仕向けられることによって相対的剥奪感を抱き犯罪を誘発し，逆に裕福な層の人たちもまたその地位をいつ奪われるのかと不安を抱き厳罰化を指向するという。

12)　大阪市の生活保護行政においては「適正化マニュアル」なるものが策定され，全行政区の保健福祉センターに監視カメラを設置したほか，警察 OB を複数配置し，職員と共同で住民からの密告を検討し，生活保護世帯への不正摘発の徹底追及が始められたという（大阪市生活保護行政問題全国調査団2014：107-108）。また，東京都内17区14市において「資源ごみ持ち去り禁止条例」なるものが施行されている。仕事をもつ野宿生活者は60.4％。そのうち廃品回収は77.7％にのぼるとされている。にもかかわらず，最高裁の2008年 7 月17日（判時2050号156頁）持ち去り禁止条例を合憲とした決定以降，条例制定の動きは加速しているという（『朝日新聞デジタル』2014年 6 月 1 日）。Wacquant（2009）のいう刑罰国家は日本でもじわじわと進行しつつあるのかもしれない。

13)　日本犯罪社会学会編（2009），葛野（2011），小長井（2013）などがこの社会的排除の考え方を参照しながら論考をまとめている。

14)　イギリス政府の定義によれば，たとえば人びとが，失業，差別，低能力，低所得，狭小な住宅，犯罪，病気，家族崩壊などの複合的な問題に苦しめられているときに，人びとや地域に生じるものであるとされている（Social Exclusion Unit 2004）。岩田（2010：12）は，この定義の一貫した解釈の難しさを指摘し，その要点を①参加の欠如，②複合的な不利，③プロセスで排除を理解するという 3 点にまとめている。

15)　政策概念として誕生した「社会的排除」は，労働への参加を前提とした社会的包摂にその関心が向けられている。他方，近年，プレカリアス（precarious）とプロレタリアート（proletariat）とを組み合わせた造語であるプレカリアート（precariat）という概念が注目されている。Standing（2011）は，不安定労働者層の拡大を1975年から2008年までのグローバル化の時代における政策と制度の変化に求め，現実の分析から解決策の提示へと導いている。このプレカリアート概念を用いることで，自らの不利な状況に対してクレイムの申立てをおこない，社会変革を訴求することを可能にするかもしれない。

16)　「刑余者」ということばが用いられる前提には，Gendreau & Ross（1979）が指摘するように，社会的に逸脱した人びとのことを変わりようがなく，本質的に欠陥のある性質をもっているとみなす傾向がみられる。罪を犯す者は犯罪者であり，犯罪者だから罪を犯すという本質主義的な考え方が潜んでいる。罪を犯した〈悪い〉者は，更生すること，悔い改めることを強いられる。一定期間の自由を奪われ，刑期を終えて出所した者が「刑余者」と俗称されていたことの理由はこのように考えられる。また，Newman（1975）は，永続的かつ根本的に〈悪〉である人びとが存在するという信念をもつことが，その人びとを社会の主流から隔離することをほぼ必然にするという。したがって，本書においては，ある種の差別的な意味合いをもつ「刑余者」ということばを用いず，単に「出所者」と表記することにしたい。

17)　なるほど，たとえばイギリスの社会（福祉）政策の教科書には，刑事司法に関する記述が1章以上をあてて論じられている（たとえば，Alcock et al.（2008：357-365））。日本においては，刑事政策的なトピックが社会（福祉）政策的な文脈のなかで論じられることはほとんどなかったが，欧米では教科書に掲載されるほどに常識的な問題として捉えられている。

18)　イギリスでは7 Paths政策がとられている（Social Exclusion Unit 2002）。犯罪行為者の多くは「住居，教育と雇用，健康，薬物・アルコール濫用，家計，態度と思考，家族問題」の問題のいくつかを複合的に有し，それが再犯リスク要因を形成している。それにもかかわらず，それぞれに対応する公共サーヴィスへアクセスしていないことが実証研究により明らかになり，社会資源を活用して犯罪行為者を地域社会に包摂していくことで，再犯リスクを軽減することがその目的とされている。小長井（2013：105）はその趣旨を「生活自立支援」（＝住居，健康，物質依存，家計，態度と思考，家族問題の解消のための支援）と「就労支援」（教育訓練と雇用の支援）の両面から社会に包摂していくことにあるという。また"Reducing Re-offending National Action Plan"（2004）では，被収容者の抱える9つの問題として「教育，雇用，

薬物・アルコール濫用，心身の健康，態度と自己管理，生活技能，住宅，公的扶助と負債，家族関係」に再整理している。

19)　ほかにも刑務所等への入所中は，公職選挙法11条1項2号により選挙権や被選挙権の行使が制限される。また満期釈放後も刑法34条の2によって一定の資格制限を受けることを強いられることになる。この点，菊田（2007：547）は，この条項は「いったん犯罪を犯した者は，……社会に復帰しても一般国民から徹底的に排除することを宣言していることを意味する。……刑法34条の2（刑の消滅）は即刻削除されるべきである」と主張している。

20)　地域生活定着支援センターの支援を受けて帰住予定地の調整がおこなわれる場合には，調整先の自治体が現在地として実施責任を負う旨が，2010年度の生活保護手帳別冊問答集から明記されている。

21)　刑務所等への拘禁は，一般社会ではあたりまえになされているコミュニケーションのほとんどすべてを禁止されているため，福祉的支援を必要とする者に限定せず，できうる限りにおいて回避すべきであろう。

第2章

誰の，何のための社会復帰か？

1　社会からみたリスク？／当事者からみた社会復帰？

　2007年に犯罪者予防更生法と執行猶予者保護観察法とが整理・統合され，更生保護の基本法となる更生保護法が制定された。この法律によって「再び犯罪をすることを防ぎ」と，明確に再犯防止が目的として規定されることとなり，監視・監督による統制機能の強化が前面に出されることによって，対象者の生活再建のための福祉的援助の提供は後退させられることになったとの見方が有力に指摘されてきた（土井 2007：10-11）。同時に，社会的弱者であり，社会復帰のための処遇を受ける対象者として捉えられていた再犯者が，改善更生の困難な〈危険な犯罪者〉として捉えられるようになったとの指摘もなされている（石塚 2009：125, 132-133）。このように更生保護法の成立を機に，再犯防止目的が強調されるようになったことで犯罪行為者の社会復帰（rehabilitation）という視点は，ある意味で副次的な扱いへと格下げされたのではないか。社会防衛の観点から再犯リスクを管理し，再犯防止を強調することは，犯罪行為者は社会にとって危険なリスク要因であるという色彩を強め，犯罪行為者の社会復帰はあたかも再犯をしないことであるかのような言説がつくりあげられてきたのではないかといった議論が提起されてきた[1]。

それから約10年後の2016年に再犯の防止等の推進に関する法律(以下,「再犯防止推進法」とする）が施行・公布された。この法律は「犯罪をした者等の円滑な社会復帰を促進すること等」によって「国民が犯罪による被害を受けることを防止し，安全で安心して暮らせる社会の実現に寄与する」ことにその目的がおかれている（1条）。この規定を素直に読むと，あくまで目的は，再犯を防止することによる社会防衛にあって，犯罪行為者の社会復帰が手段と位置づけられているとみることもできる。すなわち，社会の側からみた犯罪行為者の社会復帰は再犯をしないことと規定しているように捉えることも可能となる。

　そもそも犯罪からの社会復帰とは，どのような状態を指し示す概念なのであろうか。犯罪行為者の処遇目標のひとつに社会復帰がおかれ，社会内処遇や非拘禁的措置が模索されるようになった昨今，かれらの社会への（再）定着は，共生的環境を取り戻す本人の利益であるのみならず，社会の関心事ともなりつつある（金澤 2015：350）。社会復帰を論じる際には，復帰を目指す者の視点と，かれらを迎える社会との両側面から，しかもその相互作用に着目して分析を進めるように留意しなければならないはずである[2]。

　犯罪という現象に対する政策形成からの働きかけは，刑事（立法）政策としてあらわれる。とりわけ，刑事政策は人びとの自由を強制的に制限する性質をもつものであるから，当該政策がエビデンスにもとづいた科学的なものでなければならないということはいうまでもない。そこで本章では，この社会復帰という概念が，日本社会のなかでいかに誕生し，さらには日本の刑事司法のなかにいかに意味づけられてきたのかということについて，とくにかれらを迎える社会の側から，主に政策形成の基盤となる国会会議録のテキスト分析をつうじて明らかにしていく。そのために，まず，多様な領域において用いられる社会復帰ということばの初出について確認する。次いで，分析対象を国会会議録に焦点を絞り，テキストマイニングの手法を採用して数量的な視点からの分析をおこなう。

2　社会復帰ということばの意味

（1）　辞書・辞典

　最初に，社会復帰の一般的な定義を確認するために，『広辞苑』（岩波書店）を参照する。『広辞苑』に「社会復帰」ということばが登場するのは，1991年発行の第4版からである。初版（1955年），第2版（1969年），第3版（1983年）には，この項目は存在していなかった。最新の第7版（2018年）では，「病気や事故で社会活動のできなくなった人が，訓練により再び社会人として活動できるようになること」との定義が与えられている。

　次に，日本語の辞典としては唯一の大辞典である『日本国語大辞典』（小学館）を確認してみたい。初出は2001年に発刊された第2版（第6巻）にある。ここでの定義は，「①病気やけがなどで，いったん正常な社会生活ができなくなっていた人が，全快して元の社会生活にもどること。＊白く塗りたる墓（1970）〈髙橋和巳〉六『身体障害者の社会復帰施設に取材に行ったことがないではなかった』②刑期を終えて出所した者を，健全な社会人として再び社会に受け入れるようにすること。再社会化」とある。なお，本辞典の初版にあたる『日本国語大辞典　第10巻』（1972年）には，この項目が設けられていなかった。

　さらに，現在では，一般に社会復帰の定訳として認識されるrehabilitationということばについても確認しておく。標準的な英和辞典として定評のある『新英和中辞典』（研究社）における初出は，1968年の第2版である。「復職，復位，復権；名誉回復；復興，再建」に次いで，「リハビリテーション，更生；社会復帰」という意味が与えられる（第3版〔1971年〕，第4版〔1977年〕においても同じ）。1985年の第5版では，「①復興，再建」が第一義的な定義として与えられ，「②復職，復位，復権；名誉回復，③リハビリテーション，社会復帰」となる。そしてようやく1994年の第6版で，「①リハビリテーション，社会復帰，②復位，復権，名誉回復，③復興，再建」との訳語が定着す

ることになる（第7版〔2003年〕においても同じ）[3]。

（2）　新聞記事[4]

　全国紙の新聞記事全文データベース（聞蔵Ⅱ〔朝日新聞〕，毎検〔毎日新聞〕，日経テレコン21〔日本経済新聞〕）を用いて「社会復帰」を含む記事の初出をみてみる。全国紙のなかでの初出は，朝日新聞(1939年11月21日)である。思想犯保護観察法の立法趣旨のひとつとして思想犯罪者の社会復帰という意味合いで用いられている。次いで毎日新聞では，1950年11月26日に戦後の日本が国際社会へと復帰する，という文脈において用いられている。その後20余年の年月を経て日経新聞（1975年12月25日）において，労働災害による職場からの離脱からの復帰という文脈において用いられることになる。新聞記事の初出では，日本の国際社会への復帰，事故や病気等の理由で職場を離れた者の復帰，という用いられ方がなされていることがわかる。

（3）　書籍・学術論文

　CiNii Books を用いたタイトル検索によると，報告書の類では1960年9月に刊行された湘南アフタケア協会編『結核アフタケア施設を経て社会復帰した回復者の実態調査報告』が，商業誌として刊行されているものとしては1972年5月の大原重雄・粕谷もと・大西光子『共同住居による分裂病患者の社会復帰』が初出である。雑誌には社会復帰と冠されたものが存在しない。また，CiNii Article を用いたタイトル検索によると，1954年10月に刊行された『結核研究の進歩』（7号）に掲載された砂原茂一「結核患者の社会復帰に関する諸問題」が初出となっている。

（4）　国会会議録

　国会会議録検索システムを用いた検索語検索によると，「社会復帰」の初出は，1947年10月6日の参議院司法委員会30号での岡部常による発言にある。

　○岡部常君　只今のお答えによりまして，刑罰権の働きとして，懲戒的方面と

改善方面，又社会復帰というようなことに関する御意見を承りまして私も同感でございます。社会復帰の点を強く御主張になりましたことに対しまして敬意を表するものであります。又実際問題といたしまして帰属の問題でなく，実際の運用の問題，又お互いが各行政官廳の間の相互援助というような問題が大切だとおつしやつた点も私は御同感申し上げる次第なのであります。要は実質をとることが大切なのでありまして，どうぞ今おつしやいましたところに基きまして，今後の行刑官廳のその目的達成のできるような線で強力に改革を行なつて頂きたいと考えるのであります。その一例といたしまして，他より掣肘を受けないような大臣直属の外局にするというようないろいろな方法も考えられると思いますが，そういうふうにして國家の行政の中の大切な行刑という部門の立派な成果の挙るようにすることに御盡力をお願いいたすのであります。（傍点著者）

　　これは監獄法改正の議論のなかで，監獄を司法省の所管とするのか，それとも厚生省のそれとするのか，という文脈においてなされた発言である。「國家の刑罰の本当の目的は，……咎めることはむしろ手段で，許すというところに本当の力を入るべきものではないか」という参議院議員の岡部常の問題意識に端を発し，「刑罰の目的は一面懲罰であり，他面社会的復帰である，この二つがやはり適当に調和され併行されて行かなければならん……社会的復帰を可能ならしめるために，もつともつと刑務所というものを学校に近いものにし，……社会保護事業に近いものにしなければならん……厚生省のようなむしろ利用更生を図るという役所に持つて行く方が適当であるという議論も有力に成り立つのでありまするが，問題は官廳の所属ではなくして，やはり実際にそういう理念に基いてやつて行くかどうかということに帰着するのであ」ると時の司法大臣である鈴木義男が応じる[5]，という流れのなかで上記「社会復帰」ということばが国会会議録のなかにはじめて用いられた[6]。

（5）　本章において分析に使用するデータ

　　辞書・辞典，新聞記事，書籍・学術論文，国会会議録の各種データベースのなかで最も古い初出は，1939年11月の『朝日新聞』の記事ということにな

る[7]。犯罪によって社会生活から離脱したのちに社会へ再参入するという文脈，病気やケガから社会生活から離脱したのちに再び社会へと戻っていく，あるいは戦後の日本の国際社会からの離脱とその再参入を示すことばとして用いられていることがわかる。ほぼ辞書・辞典で定義づけられている範囲での語法といえよう。

　本章が問おうとする社会復帰ということばは，刑事（立法）政策のなかで用いられるそれである。世論の動向を探るには新聞記事が，学界の動向を探るためには学術論文や学術書が適していると考えられるが，本章の問題関心には直接合致しない[8]。本章では，刑事（立法）政策をつかさどる政府の社会復帰に対するまなざしの変化を明らかにしようとするため，国会会議録をテキスト分析の対象とする。

　テキスト分析の方法としては，テキストマイニングという手法を採用する。テキストマイニングとは，「質的データの中でも特に文章型すなわちテキスト型のデータを分析する方法」であり，「コンピュータによってデータの中から自動的に言葉を取り出し，さまざまな統計手法を用いた探索的な分析を行う」内容分析の手法である（樋口 2014：1）。まず，国会会議録において社会復帰という単語が用いられ，どのようにあらわれ推移しているのか，その量的な時系列の変化を概観する。次いで，同一文章内でほかにどのような単語と関連しているのかという点について分析する。そのうえで，いくつかの注目すべき発言を紹介しながら社会復帰概念に変遷があるのか否かということについてみていく。今回テキストマイニングに用いるソフトウェアはKH Coderである。国会会議録を利用したテキストマイニングの手法は，たとえば，桜井（2017）が「自立支援」ということば・概念に注目し，その変遷を辿る目的で分析を試みている。本章においては，主に KH Coder を用いた分析に臨んでいる桜井の研究手法を参照する。

3　政策形成過程における社会復帰
──国会会議録のテキスト分析から──

（1）　データの抽出方法

　国会会議録検索システム（https://kokkai.ndl.go.jp/）で，「社会復帰」を検索語に指定し，第１回国会から最も古い記録を辿ったところ，前記の1947年10月６日の参議院司法委員会30号での岡部常による発言がヒットした。そのため期間を「1947年10月６日〜2017年３月31日」，会議を「院名：すべて」に指定し，検索語「社会復帰」で抽出したところ2097件が該当した。この2097件という数字は該当する国会会議ごとの件数であり，ある日付の国会会議において，複数人の発言者から複数回の「社会復帰」を含んだ発言がなされる場合もある(国会会議録はすべて発言者の発言ごとに分類されている)。該当した2097件の発言をすべてテキストデータで保存し，本分析における基礎資料とした。

（2）　時系列分析

　国会会議録において「社会復帰」という単語の発生と増減などの量的推移，時系列変化を概観する。同時に「社会復帰」が出現している同一文章内でほかにいかなる単語が関連して共起しているかという点についても分析をおこなう。
　「社会復帰」を含む発言量の推移を図２−①に示す。発言量を量的に集計する場合は，単語／文／段落といった単位をどのように区切るかということによって集計数に違いが出てくる。国会会議録は国会議員等の発言のテキストデータであるため，ひとつの発言のなかに複数の段落があり，複数の段落は複数の文から，文は複数の単語から構成される。ひとつの文のなかに「社会復帰」という単語が複数回出現することも想定される。単語単位での集計の場合，上記の例は２回としてカウントするが，句点（「。」）で区切る文単位での集計では１回としてカウントする。したがって，集計数の多寡は「単

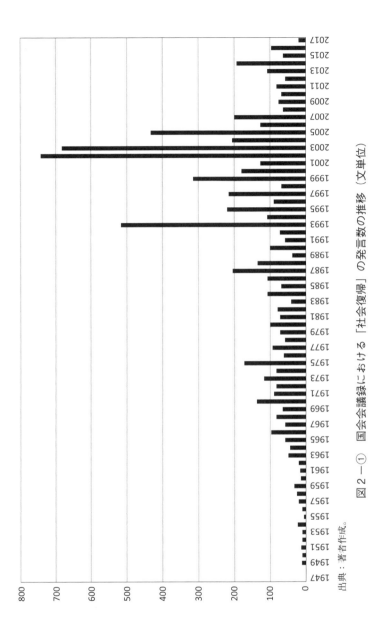

図2−① 国会会議録における「社会復帰」の発言数の推移（文単位）

出典：著者作成。

語＞文＞段落＞発言数＞会議数（検索数)」という順となる。「社会復帰」の発言量はいずれの単位においても，推移などのおおまかな傾向は変わらない。ここでは，単語単位では同じ文中でのダブルカウント・トリプルカウントの影響が大きくなることを考慮して，文単位ののべ回数を発言量として集計している。

「社会復帰」を含んだ発言がはじめてみられてから，徐々にその登場の機会を増やしていく。最初に 3 ケタに到達するのは1970年であり，主に障害者福祉にかんする文脈のなかで用いられていた。1975年（170件），1987年（203件）に一時的な盛り上がりをみせる。1993年に511件という第一のピークに到達する。200件を超えるのは，1995年，1997年，1999年，2002～2005年となる。

1）関連語探索

「社会復帰」ということばと共起[9]している単語を抽出し，その経年変化をみる。瀬川（2011：109-113)は，戦後，日本における社会内処遇の変遷を，①再出発期（1945年～1950年代），②模索期（1960年代～1970年代），③再構築期（1980年代～1990年代），④法改正期（2000年代～現在）の 4 期にわけて整理している。本章においても，便宜的に，この時代区分を前提として，社会復帰という概念がいかなることばと結びつき，いかなる意味を付与されていたかについて整理していく。

1947年以降，この 4 区分ごとに「社会復帰」と共起していることば（関連語）を集計し，該当することばと共起する度合いをあらわす Jaccard 係数が大きい上位50語を抽出した[10]。

一貫して「施設」「社会」ということばが「社会復帰」と共起の度合いが強い。全期間および再構築期では，「施設」「精神」「障害」が上位 3 語にあがる。いうまでもなく精神障害者施設に関する議論がなされていたことがわかる。模索期でも「施設」「障害」「訓練」となり，障害との関連での議論となる。のこる再出発期では「矯正」「国際」「施設」，法改正期では「促進」「更生」「改善」となり，障害に加えて別の要素が入っていることがわかる。とりわけ法改正期では，これまで上位にはあがってこなかった「受刑」「支援」

表2－① 「社会復帰」のJaccard係数上位50語

	全期間		再出発期		模索期		再構築期		法改正期	
	抽出語	Jaccard	抽出語	Jaccard	抽出語	Jaccard	抽出語	Jaccard	抽出語	Jaccard
1	施設	0.1448	矯正	0.1176	施設	0.124	施設	0.227	促進	0.1606
2	障害	0.1445	国際	0.0922	障害	0.1081	精神	0.2215	更生	0.126
3	精神	0.1445	施設	0.0879	訓練	0.0939	障害	0.2169	改善	0.1235
4	促進	0.135	患者	0.0743	治療	0.0919	医療	0.1554	医療	0.1178
5	医療	0.1041	治療	0.0734	リハビリテーション	0.0871	医療	0.1097	精神	0.115
6	社会	0.0922	更生	0.0734	患者	0.0866	社会	0.0999	障害	0.1053
7	更生	0.079	社会	0.0707	人	0.0811	対策	0.0997	支援	0.1047
8	支援	0.0693	保護	0.0698	社会	0.0778	地域	0.094	受刑	0.1011
9	地域	0.067	意味	0.0684	身体	0.0764	福祉	0.0865	施設	0.0969
10	改善	0.067	訓練	0.0633	医療	0.069	整備	0.0824	社会	0.0939
11	生活	0.0656	職業	0.0628	精神	0.0662	保健	0.081	処遇	0.0937
12	福祉	0.0643	人	0.0625	職業	0.0647	改正	0.076	目的	0.0828
13	患者	0.062	習性	0.0625	方々	0.0623	患者	0.0724	対象	0.0731
14	受刑	0.0616	売春	0.0563	促進	0.0613	生活	0.0723	生活	0.0712
15	治療	0.0604	療養	0.0546	指導	0.0584	施策	0.0691	地域	0.069
16	対策	0.0604	回復	0.0526	教育	0.0552	指摘	0.067	保護	0.0685
17	保護	0.0594	退院	0.0508	収容	0.0532	充実	0.0632	防止	0.0676
18	処遇	0.0593	一つ	0.05	措置	0.0519	先ほど	0.0624	確保	0.0662
19	人	0.0573	補導	0.0488	一つ	0.0507	方々	0.0608	観察	0.0653
20	目的	0.0562	状態	0.0488	回復	0.0498	入院	0.0589	再犯	0.0643
21	方々	0.0545	収容	0.0479	対策	0.0493	設置	0.0529	制度	0.0641
22	整備	0.0543	指導	0.0476	先ほど	0.047	一つ	0.0524	行為	0.0619
23	先ほど	0.0537	期間	0.0476	保護	0.0464	保護	0.0519	犯罪	0.0609
24	充実	0.0528	第一歩	0.047	生活	0.0449	病院	0.0517	刑務所	0.0604
25	指摘	0.0522	条件	0.0462	福祉	0.0441	関係	0.051	入院	0.0586
26	入院	0.0512	少年院	0.0455	更生	0.0419	事業	0.051	福祉	0.0579
27	訓練	0.0504	復帰	0.0455	充実	0.0418	推進	0.0497	調整	0.0563
28	保健	0.0487	猶予	0.0446	機能	0.0416	治療	0.0493	人	0.0559
29	制度	0.0484	防止	0.0431	指摘	0.0412	指導	0.0472	治療	0.0543
30	確保	0.0464	犯罪	0.043	センター	0.0406	努力	0.0468	充実	0.0514
31	施策	0.0454	考え	0.0429	病院	0.0399	支援	0.0454	先ほど	0.0509
32	対象	0.0449	法案	0.041	施策	0.0397	人権	0.0442	方々	0.0487
33	犯罪	0.0438	アフター	0.0405	予防	0.0391	人	0.0437	指摘	0.047
34	一つ	0.0433	少年	0.0394	努力	0.039	確保	0.0427	整備	0.0463
35	指導	0.0422	身体	0.0393	意味	0.0382	措置	0.0426	法律	0.0457
36	防止	0.0419	生活	0.0392	目的	0.0381	センター	0.0421	体制	0.0431
37	センター	0.0415	批准	0.0387	面	0.0342	意味	0.0411	センター	0.043
38	関係	0.0413	対象	0.038	先生	0.0342	訓練	0.041	実施	0.0424
39	観察	0.0387	執行	0.0377	形	0.0342	相談	0.0407	法案	0.0423
40	刑務所	0.0385	医学	0.0375	療養	0.0333	制度	0.0405	関係	0.0419
41	改正	0.0384	国立	0.037	作業	0.0332	作業	0.0398	機関	0.0418
42	病院	0.0376	新設	0.037	労働	0.0329	状況	0.0396	退院	0.0414
43	意味	0.0375	観察	0.0369	医学	0.0328	法律	0.0394	本人	0.0409
44	法律	0.0375	考え方	0.0368	復帰	0.0322	リハビリテーション	0.0385	保健	0.0408
45	職業	0.0373	先ほど	0.0368	検討	0.0319	先生	0.0379	状態	0.0404
46	再犯	0.0371	予防	0.0367	労災	0.0315	理解	0.0371	患者	0.0401
47	事業	0.0357	人々	0.0366	総合	0.0307	援助	0.0355	他害	0.039
48	措置	0.0353	措置	0.0357	整備	0.0299	衛生	0.0353	矯正	0.0382
49	推進	0.0346	教育	0.0356	衛生	0.0298	参加	0.0338	専門	0.038
50	努力	0.0344	ろうあ	0.0352	状態	0.029	検討	0.0335	連携	0.0367

出典：著者作成。

といったことばが登場するのが特徴的である。

2）共起ネットワーク

　ここで，ここまで概観してきた「社会復帰」ということばと共起している関連語との関係について，共起ネットワークを用いて視覚化する。単語はそれぞれの該当期間に「社会復帰」との関連が強い上位50語を抽出している。図2−②がそれぞれの期間の共起ネットワークである。

　共起ネットワークの特徴は，各単語と単語の距離ではなく，両者を結ぶ線の有無で共起について判断をする。描画数60，強い共起関係ほど太い線で描画，出現数の多い語ほど大きい円で描画，中心性をグレースケールで表現，で調整している。また表2−①の上位50語と比べて，関連語同士の関係性が視覚的に確認できるというメリットがある。

　国会会議録を対象としているため，当該期間に論議された立法内容が中心になり，分野や対象に偏りが生じるのはある意味では当然といえる。問題は刑事司法の領域において「社会復帰」の意味内容に変容が生じているということである。しかし，再出発期では，「社会復帰」と強い共起を示すことばが検出できなかった。ほかの3期では共通して主に精神障害者施設に関する強い共起がみてとれる。刑事司法領域でのかかわりを分析していくためには，対象とする議題を絞らなければまぎれてしまうということになりそうだ。

（3）　刑事司法領域における「社会復帰」の時系列分析

　そこで，刑事司法領域に関係のある議論を抽出するために，「社会復帰」に加え，「刑」を検索語に設定して抽出する[11]。検索件数は634件となる。

　「社会復帰」および「刑」を含んだ発言がはじめてみられるのもまた1947年となる。最初の山場は1988年（74件）にあらわれ，次いで2000年（70件）と続く。2002年に256件とピークに達し，2003年は129件，2004年は96件，2005年は245件と「社会復帰」と同様に2002年から2005年の発言数が全体の2割強に及ぶ。以降は，2007年（91件），2014年（108件）が突出した数値となる。なお，1988年には刑事施設法に関する議論が，2000年には刑事処分の

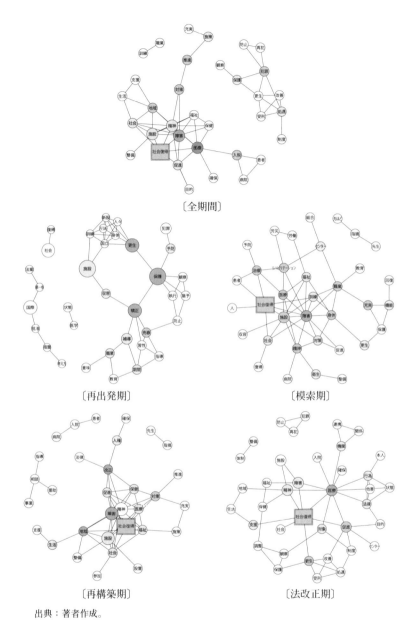

〔全期間〕

〔再出発期〕 〔模索期〕

〔再構築期〕 〔法改正期〕

出典：著者作成。

図2－② 「社会復帰」の共起ネットワーク

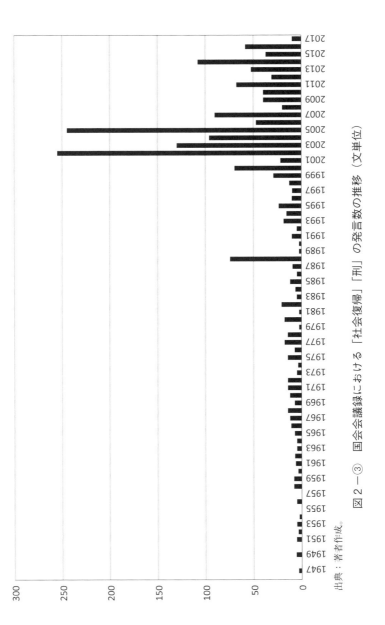

図2−③ 国会会議録における「社会復帰」「刑」の発言数の推移（文単位）

出典：著者作成。

可能年齢の引き下げを含む少年法の改正に関する議論が，2002年および2003年には心神喪失者等医療観察法に関する議論が，2004年には刑法重罰化改正に関する議論が，2005年には刑事収容施設法に関する議論がおこなわれている。

1） 関連語検索

「社会復帰」「刑」ということばと共起している単語を抽出し，その経年変化をみる。ここでも瀬川（2011：109-113）の4期の分類に従い整理している。Jaccard係数が大きい上位50語のとおりとなる（**表2−②**）。一貫して「矯正」「更生」「保護」ということばが「社会復帰」および「刑」と共起の度合いが強い。全期間および法改正期では，「受刑」「更生」「促進」が上位3語に挙がる。再出発期では「矯正」「習性」「意味」，模索期では「教育」「推進」「受刑」，再構築期では「受刑」「更生」「保護」が上位3語に入る。

2） 共起ネットワーク

ここで，ここまで概観してきた「社会復帰」「刑」ということばと共起している関連語との関係について，共起ネットワークを用いて視覚化する（**図2−④**）。

次にKH Coderでは，特定の記述がデータのなかにあればそのデータを特定のコードに分類するという基準（コーディングルール）を作成する。データをいくつかのコードに分類する作業をおこなうわけである。たとえば，「更生保護」「社会内処遇」「保護観察」はいずれも同義で扱いたいが，そのままでは別のことばとして検出される。それぞれの語の「概念」的な集合を考慮して集計をおこなうためにはコーディングルールを設定する必要がある。刑事司法領域のなかでの出現領域を限定するため，**表2−③**のようにコーディングルールを設定した。「矯正」と「保護」とのどちらの文脈で用いられているのか，また，「再犯防止」ということばとの関連，さらに社会復帰のためにおこなわれるとされる「就労支援」「居住支援」「社会復帰支援」との関連を経年変化でみていくと**表2−④**のようになる。「社会復帰」ということばは，「矯正」とのかかわりのなかでは2005年の刑事収容施設法の議論にお

表２－② 「社会復帰」「刑」の Jaccard 係数上位50語

	全体		再出発期		模索期		再構築期		法改正期	
	抽出語	Jaccard	抽出語	Jaccard	抽出語	Jaccard	抽出語	Jaccard	抽出語	Jaccard
1	受刑	0.1824	矯正	0.2286	教育	0.1358	受刑	0.1647	更生	0.2075
2	更生	0.1821	習性	0.1429	推進	0.1294	更生	0.1595	促進	0.1965
3	促進	0.1575	意味	0.0984	受刑	0.1293	保護	0.1245	改善	0.1943
4	改善	0.1564	保護	0.0976	処遇	0.1204	処遇	0.1232	処遇	0.1295
5	処遇	0.1249	治療	0.0943	社会	0.1136	社会	0.1165	刑務所	0.1149
6	刑務所	0.1085	退院	0.087	職業	0.1088	刑務所	0.1135	再犯	0.1036
7	再犯	0.0954	猶予	0.0841	目的	0.0995	施設	0.1055	支援	0.1015
8	社会	0.0931	考慮	0.0806	観察	0.0981	矯正	0.1018	目的	0.0942
9	施設	0.0918	売春	0.08	矯正	0.0903	改善	0.1018	施設	0.0912
10	目的	0.0885	状態	0.08	収容	0.0899	犯罪	0.1011	防止	0.0887
11	犯罪	0.0837	効果	0.0769	訓練	0.0895	再犯	0.0997	社会	0.0855
12	防止	0.082	更生	0.0758	施設	0.0841	防止	0.0966	犯罪	0.0814
13	支援	0.0797	防止	0.0745	少年院	0.0806	刑事	0.0806	出所	0.0734
14	矯正	0.0784	指導	0.0741	犯罪	0.0802	政策	0.0759	医療	0.0719
15	保護	0.0777	原因	0.0725	刑務所	0.0799	教育	0.0749	保護	0.0665
16	教育	0.0673	拘束	0.069	更生	0.0792	生活	0.0721	矯正	0.0655
17	収容	0.0631	医療	0.0656	保護	0.0783	精神	0.0712	充実	0.0632
18	医療	0.0615	保安	0.0645	措置	0.0759	行刑	0.0689	センター	0.0616
19	出所	0.0613	犯罪	0.0643	機能	0.0752	人	0.0687	収容	0.06
20	刑事	0.0608	執行	0.0625	人	0.0722	目的	0.0653	刑事	0.0598
21	生活	0.0605	社会	0.0625	活動	0.0704	作業	0.0613	制度	0.0589
22	充実	0.0602	刑余	0.0612	少年	0.0632	援助	0.0604	生活	0.0582
23	観察	0.0555	生活	0.061	意味	0.0628	連携	0.0597	移送	0.0581
24	人	0.0547	罪	0.061	充実	0.0572	障害	0.0588	教育	0.0573
25	制度	0.0523	少年院	0.0603	生活	0.0568	収容	0.0585	確保	0.0555
26	職業	0.0515	期間	0.06	方法	0.0561	充実	0.0579	観察	0.0507
27	刑	0.0498	施設	0.0598	行刑	0.0556	職業	0.0576	実施	0.0504
28	訓練	0.0479	技術	0.0588	刑	0.0551	民間	0.0575	刑	0.0504
29	作業	0.0477	刑罰	0.0577	特性	0.0533	関係	0.0548	作業	0.0487
30	センター	0.0466	医学	0.0577	個々	0.0526	先生	0.051	訓練	0.046
31	実施	0.0458	刑法	0.0575	篤志	0.0523	協力	0.05	障害	0.0454
32	指導	0.0457	観察	0.0568	教科	0.0517	一つ	0.0499	指導	0.0451
33	移送	0.0451	件	0.0566	人権	0.0511	効果	0.0493	刑罰	0.0447
34	確保	0.045	早期	0.0566	促進	0.0508	指導	0.049	対象	0.0439
35	行刑	0.0442	施策	0.0556	護	0.0503	観察	0.0484	職業	0.0436
36	障害	0.0432	受刑	0.0545	民間	0.0486	非行	0.0483	外国	0.0431
37	精神	0.0426	女子	0.0533	一つ	0.0485	少年	0.0483	指摘	0.0421
38	刑罰	0.0393	改正	0.0526	監獄	0.0481	実施	0.0476	執行	0.0418
39	効果	0.0393	刑務所	0.0522	人間	0.0481	先生	0.046	精神	0.0408
40	少年	0.0387	再犯	0.0517	保障	0.0479	人	0.0457	観点	0.0397
41	意味	0.0383	専門	0.0517	鑑別	0.0474	信者	0.0456	関係	0.0397
42	執行	0.038	予防	0.0505	青少年	0.0469	団体	0.0453	行刑	0.0391
43	対象	0.0377	教育	0.05	教官	0.0464	少年院	0.044	法案	0.0383
44	関係	0.0373	本人	0.0494	努力	0.0461	釈放	0.0432	国	0.0375
45	指摘	0.0369	援護	0.0492	本人	0.0459	理解	0.0421	先ほど	0.0375
46	民間	0.0367	性格	0.0492	分類	0.0452	刑務	0.0404	状態	0.0373
47	協力	0.0363	補導	0.0478	積極	0.0449	訓練	0.0401	本人	0.0372
48	本人	0.0361	収容	0.0473	観点	0.0448	準備	0.0396	協力	0.0366
49	先ほど	0.036	成人	0.0469	保護司	0.0429	制度	0.0387		
50	一つ	0.036	考え	0.0462	内容	0.0428	措置	0.0368		

出典：著者作成。

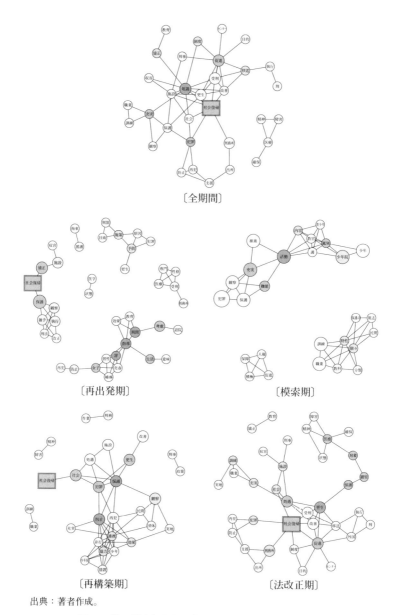

〔全期間〕

〔再出発期〕　〔模索期〕

〔再構築期〕　〔法改正期〕

出典：著者作成。

図2−④　「社会復帰」「刑」の共起ネットワーク

いて，「保護」とのかかわりのなかでは2007年の更生保護法のかかわりのなかでが最多となる。さらに，2005年から「再犯防止」が「社会復帰」を語る文脈のなかで徐々に存在感を増していることがみてとれる[12]。

　本章が主題とする出所者に関する問題に焦点化するためには，保護領域における動向が重要になる。そこで，医療観察法，更生保護法，再犯防止推進法という，保護領域に密接な関係のある3つの法案の議論状況に着目した共起ネットワークを作成した（図2−⑤，図2−⑥，図2−⑦）。なお，各会議録の冒頭に記される会議録情報の「本日の会議に付した案件」に，分析対象とする法案名が記載されていた会議回を抽出している[13]。

（4）　犯罪からの社会復帰とは再犯しないことなのか？

　精神障害者福祉領域等を含めた共起ネットワークと刑事司法領域に限定したそれとを見比べてみて得られる変化としては，再出発期に「社会復帰」ということばが登場すること，逆に模索期には「社会復帰」ということばが消滅すること，再構築期では「再犯」「防止」に共起が生じること，法改正期では「社会復帰」と「再犯」「防止」との関連が強くみられることにある。また，特徴的なのは，前者においては再構築期，法改正期の双方に「支援」ということばが出てくるが，後者においては法改正期に入ってはじめて「支援」ということばが出てくる点である。このことはポジティヴに捉えれば犯罪からの社会復帰には支援が必要だという包摂的な刑事政策が採用される流れにあるともいえる[14]。

　この点，犯罪の要因を単に〈個人〉の問題として捉えるのではなく，〈社会〉の問題として社会学的に捉えなおしていく必要があるが，そのことに対して世論からの同調を得るためには，世論そのものにも寛容度をともなわなくては実現し得ない。そのような状態のなかで，福祉的な支援があれば罪を犯さずに済んだ事例も少なくない現状をふまえれば，近年の刑事司法と福祉との連携の制度化にもみられるように，犯罪からの〈社会復帰〉のための〈支援〉を制度化していくことが求められるだろう。

　しかし，刑事司法領域における変化をあらわす図2−④を時系列的にみればわかるように，その犯罪からの〈社会復帰〉が，〈再犯防止〉と密接に関

表2-③　コーディングルール

矯正	（刑務所｜矯正＋施設｜刑事＋施設｜社会＋内＋処遇｜施設＋内＋処遇｜矯正＋教育
保護	更生保護｜再犯＋防止｜受刑｜出所）&!出所｜保護＋処遇｜保護＋観察
再犯防止	再犯＋防止
就労支援	就労＋支援｜職業＋訓練
居住支援	居住＋支援｜住まい｜住居｜住
社会復帰支援	社会復帰＋支援
社会復帰	社会＋復帰

出典：著者作成。

表2-④　「社会復帰」「刑」と各関連語の経年変化

	1947	1949	1951	1952	1953	1954	1956	1958	1959	1960	1961	1962	1963	1964	1965	1966	1967	1968	1969	1970	1971	1972	1973	1974	1975	1976	1977	1978	1979	1980	1981	1982	1983
矯正	0	1	5	1	2	1	6	4	2	1	4	1	4	4	7	6	2	7	13	11	19	10	0	0	6	4	4	15	17	0	22	0	11
保護	0	13	1	1	3	56	3	22	25	8	5	2	4	0	0	0	12	12	6	21	30	10	0	0	6	4	7	15	0	0	8	4	4
再犯防止	0	0	0	0	0	0	1	0	0	0	2	0	0	0	0	0	0	0	0	0	0	0	0	0	0	0	0	0	0	0	0	0	0
就労支援	0	0	0	0	0	0	0	0	0	2	1	2	0	0	0	0	2	1	2	2	0	0	0	2	3	4	2	0	0	13	0	0	0
居住支援	0	0	0	9	0	0	2	0	0	0	0	0	0	0	0	0	0	0	0	0	0	0	1	0	0	0	0	0	0	0	0	0	0
社会復帰	2	4	6	2	1	5	4	14	9	3	3	2	6	3	4	7	10	13	14	7	13	4	4	13	7	17	13	13	2	17	2	21	4
ケース数	6	37	115	41	53	180	77	359	649	353	100	281	43	68	124	235	259	180	354	309	103	109	147	174	242	189	191	51	55	381	35		

	1984	1985	1986	1987	1988	1989	1990	1991	1992	1993	1994	1995	1996	1997	1998	1999	2000	2001	2002	2003	2004	2005	2006	2007	2008	2009	2010	2011	2012	2013	2014	2015	2016	2017	合計
矯正	1	10	2	3	110	8	5	16	2	9	4	27	23	9	15	5	9	37	48	29	42	98	44	44	62	10	12	43	32	13	29	42	64	8	1784
保護	3	12	7	15	6	6	2	0	1	4	19	12	9	9	12	14	29	70	62	81	302	26	18	17	12	24	70	12	24	30	3	17	6	6	1200
再犯防止	0	0	0	0	0	0	0	0	0	0	1	0	1	0	0	2	0	0	5	4	6	19	26	35	10	10	13	49	22	29	12	30	17	13	348
就労支援	0	1	0	0	0	0	0	0	2	3	0	1	1	0	2	0	5	5	8	3	7	29	18	25	16	9	6	6	11	14	38	21	27	27	288
居住支援	0	0	0	1	0	0	0	0	0	0	0	0	5	0	0	0	1	0	1	1	2	6	2	12	0	2	3	5	5	11	24	1	1	3	100
社会復帰	5	11	3	9	74	3	11	3	0	1	0	0	0	0	9	15	22	9	9	12	3	9	47	91	20	40	40	67	29	53	108	37	59	10	1919
ケース数	27	80	173	52	716	122	94	140	90	291	211	505	395	172	170	631	1480	783	2476	1547	1570	2733	1303	378	454	797	766	422	525	1419	241	428	72		27563

出典：著者作成。

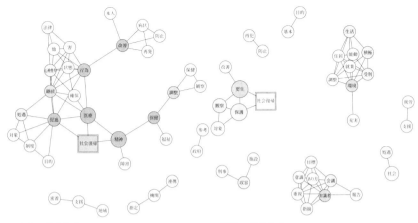

出典：著者作成。

図2－⑤　医療観察法

出典：著者作成。

図2－⑥　更生保護法

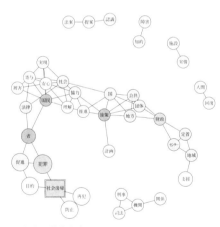

出典：著者作成。

図2－⑦　再犯防止推進法

連づけられていくさまがみてとれる。個別の立法過程のなかでもとくに再犯防止推進法の議論がなされた図2−⑦においてその傾向が顕著である。このようにみていくと，政策立法過程のなかで社会復帰の意味内容が〈再犯防止〉と密接に関連づけられ，〈社会復帰≒再犯しない状態〉という構図にある種限定的に傾斜していっていると解することもできよう。

（5）　国会審議の昔今

　近年の刑事立法の傾向との質的な差をあらわすのが，更生保護法の前身ともいうべき犯罪者予防更生法をめぐる国会審議である。まずは，その法案の提出理由を確認したい。

　①　5-衆-法務委員会-13号1949年4月28日
　○政府委員（遠山丙市君）　この法案の目的といたしますところは，具体的に申しますと，先ず第一に，保護観察の實施によりまして，犯罪をした者の改善及び更生を助けること，第二に，恩赦の適正な運用を図ること，第三に，社会正義及び犯罪予防の見地から，仮釈放，刑の執行猶予その他の関係制度の公正妥当な運用を図ること，最後に，犯罪予防の活動を助長することでありまして，この四つを目標として，犯罪を鎮圧し，社会を保護し，個人及び公共の福祉を増進するため，犯罪対策を確立せんとするものであります。（傍点著者）

　4つの目標を掲げたうえで，法の目的を犯罪行為者の改善・更生におき，次に恩赦の適正実施とあくまで犯罪行為者の利益を優先したうえで，社会防衛的な目的を付加する構造になっている[15]。

　②　5-衆-法務委員会-16号1949年5月7日
　○猪俣委員　この犯罪者予防更生法案につきまして総論的なことと，各論的なことにつきまして二，三御質問にいたしたいと思います。総論的なことといたしましては，この犯罪者予防更生法案の目的を見ますと，犯罪の予防及び更生，犯罪者の更生というふうになつておりますから，両方の意味がありましようけれども，そのねらいとするところは犯罪者の犯罪予防が主であるのである

か，犯罪者の更生をはかるということが主目的であるのか，……犯罪者の犯罪予防が主であるか，更生が主であるかお答え願いたいと思います。

○齋藤（三）政府委員　……犯罪の予防ということを廣く考えますと，これは單なる法務廳だけの問題でありませんので，警察あるいは裁判所，それらと全部関係が非常に多いのでありまして，この法律ではもつぱら犯罪者の更生ということを主眼といたしております。(傍点著者)

そのうえで，犯罪の予防がその目的なのか，犯罪行為者の更生が目的なのか，というところまで踏み込んだ議論をおこない，犯罪者の更生が主眼にあると応じている[16]。また，犯罪行為者が出所後に受ける社会からのまなざしについても下記のような議論が展開されている。

○齋藤（三）政府委員　この法律はただいま御指摘のように，何か冷たい監督というようなことをねらいにしておるのでないのであります。どこまでも退所者をあたたかい氣持で保護して，そうして社会に復帰させる，こういうことが主眼になつておるのであります。ただ本年度遺憾ながら諸般の事情で予算が要求した何分の一しか頂戴できませんので，與えるところが物質的には不十分であります。しかしながら運用にあたりましては，できるだけ精神的に社会から冷たい目で見られがちなかような退所者を間違いなく社会に復帰させるように，十分職員一同さようなつもりでやるようにいたしたいと存じております。(傍点著者)

○猪俣委員　……一体執行猶予に付するような状況は，情状酌量の余地があるものとして執行猶予を受けるのでありますが，さような犯罪者に対しまして始終観察に行く，付された者から見ると，いつも監視をされておるというような心持を抱かせることが，はたしてほんとうにその人を更生させ，あるいは心機一轉をせしめることに相なるかどうかということは，非常にこれは重大問題であると思うのであります。よほど保護委員にその人を得なければ反対な現象を起すのではないか，やはり始終前科者であるということを近所の人に知らしめるような，あれは犯罪をやつた男だということを知しらめるような形になるの

ではないか。ある犯罪をやつて執行猶予がついた場合に，東京あたりではわざ
わざ家をかえる者がある。そうしてなるべく世間から犯罪を犯したことのない
ように見られて，まじめに生活したいと思う人間が，そういう場合に始終委員
会から妙な人がやつて來て，妙な説教をやらされておると，自分が執行猶予に
なつたことが暴露するというようなことで，ほんとうにまじめに立ち返らう，
あやまつて罪は犯したけれども，まじめに更生しようという者の努力，精進の
心持をくじくようなことになるのではないか，私はこれを非常におそれるので
あります。

○齋藤（三）政府委員　……保護観察は，思想犯保護観察のように，裁判所が
ある刑期を言い渡して，満期が來て出た者を，さらに將來のおそれがあるから
というて保護観察するというようなことではございませんので，裁判所が三年
なら三年という言い渡しをした，その三年の刑を全部務めさして，あのきゆう
くつな，自由を拘束されたところからいきなり社会の荒波に直接無条件で出し
てしまうということが，非常に今日までの行刑なり強制保護の実績から見て危
險千万である。それで入つたならばすぐに將來の立ち直りの計画を，本人も参
画させて立てさせまして，そしてそれに向つて教育を施して行く。そしてでき
るだけ早く出して，ある期間本人が社会に復帰するまでのめんどうを見る。し
かもその保護観察の期間は，結局裁判所が三年なら三年を言い渡したその期間
を絶対に越えない，結局三年の言い渡しを受けて二年で仮出獄になれば，残り
の一年間だけ保護観察をするということが，三十三條の二項にもはつきりと書
いてございます。

○齋藤(三)政府委員　……本人の何を何のために保護してやるかということは，
本人が一旦誤りを犯して，そうして前科者というような冷い目で見られておる
者が，ややもすればまた再犯の淵に追い込められるのを救つて，そうして健全
なる社会人に復させる。そうして本人のみならず，社会もまた犯罪から保護さ
れるということを願つておる趣旨であります。

犯罪からの社会復帰を妨げるものとしてのスティグマの強さを確認すると

ともに，ある意味ではそこから，〈保護〉するための保護観察のあり方を志
向することを表明した発言であったといえよう[17]。

③5-衆-法務委員会-18号1949年5月11日
○齋藤（三）政府委員　これはまつたく根本の考え方が，現在のような犯罪が
多い情勢に対應して，犯罪を少くして行こう，社会の治安を守り，また犯罪に
陥つて行く者を防ごう，こういうふうなまつたく保護愛の精神から出ておるも
のでありまして，この条件に違背したからというて，形式的にただちに取消す
というものではございません。むしろ現在取消した方が，將來近くまた大きな
犯罪を犯して，また重い刑罰を受けるよりもその方が本人のためになり，また
社会のためにもなるという場合に，取消すことができる一つの理由としてここ
にあげたわけであります。

　さらに，このように社会防衛的な視点についても，あくまで犯罪行為者本
人のための法案であることが政府委員から強調されていた。この犯罪者予防
更生法の国会審議データを用いて「社会復帰」を基点とする共起ネットワー
クを作成すると，「社会復帰」ということばのデータ数が少なく成立しない
が，このことばを使わずとも，犯罪行為者の改善・更生を志向した刑事（立
法）政策が議論・立案されていたことがわかる。とくに，更生保護法の議論
以降，犯罪行為者の改善・更生よりも，社会防衛的な視点が優先されるよう
になった近年の議論との質的な差を明確にあらわすものであると考えられよ
う。

4　犯罪からの社会復帰のあり方を問う

　本章では，社会復帰という概念について，主に国会会議録のテキスト分析
をとおして考察してきた。元来，再犯しないことが社会復帰という概念の意
味するところではないことは少なくとも確認することができただろう。しか
しながら，とりわけ，刑事司法領域においては，再犯防止推進法の制定を分

水嶺として，〈社会復帰≒再犯をしない状態〉へと限定する方向にベクトルが向きつつある[18]。このような概念分析の結果，共通していえることは，犯罪行為者自身の視点の欠如である。社会復帰させる／してあげる側と，社会に復帰させられる／させてもらう側という構図のなかで，社会復帰する犯罪行為者その人が，実質的には処遇の客体としてしか扱われていない。すなわち〈誰の，何のための社会復帰か〉という視点が欠如しているという事実を，もう一度捉えなおさなければならない[19]。

　かつて Allen (1981:52) は，「社会復帰理念の弱点としての中心的なのは，その概念的弱さである。社会復帰概念の曖昧さは，その基本的な想定を覆い隠すものである。さらに，社会復帰達成の過程は曖昧であり，複合性にとんでいるため，社会復帰理念の概念的弱さは総体的で，避けがたいものとなる」と指摘した[20]。この議論から40年弱が経過した現在においてこの弱点は，近年の刑事（立法）政策の形成過程において〈再犯をしない状態〉へと限定されるかたちで結論づけられようとしている。矯正から保護へ，そしてその先の地域社会へとステージを移し，社会復帰とは何かを問い続ける必要がある。近年の刑事（立法）政策の議論から得られる違和感は，当の犯罪行為者を処遇の客体としてしか捉えようとしていないところにある。社会のなかで差別や偏見に直面するのも，生活することの困難を痛感するのも，すべて犯罪行為者自身である。かれらが社会で生きていくなかで，何を苦痛と感じ，何が必要なのかをふまえた社会復帰のあり方を模索する必要があるだろう。そのためには，社会復帰を支援する制度の貧弱さにフォーカスしたうえで，罪を犯して裁判において有罪判決を受け，刑務所等に入所し，出所後，誰もが生活に困窮することなく，健康で文化的な最低限度の生活を営むための制度が整えられなければならない。

　たとえば，薬物依存症からの治療のなかで，再使用も回復へのプロセスと捉えられているように，とくに罪をくり返すことが，ある意味で人生の一部となっていた累犯者にとって，再犯もまたわたしたちの社会で生活していくための生きなおしのプロセスだと捉える考え方も可能である。また，福祉的支援を必要とする出所者の多くは，そだちを剥奪された情況におかれており，万引きや食い逃げといった罪を犯すことが，ある種身体化されている。

そのことが，この社会を生き抜くひとつの手段になっていることも少なくない。もちろん，再犯による逮捕・起訴・収監は，本人にとっても決してよいことではない。本人を支える支援者にとっても，それは，落胆，哀しみ，心配，無力感といったさまざまな感情が入り混じる，できれば味わいたくない事態といえよう[21]。しかし，社会復帰について考えるときには，必ず復帰する社会のあり方を問わなければならない。犯罪行為者に更生や立ち直りを強いるだけではなく，わたしたちは，その犯罪行為の背景にある問題を探しだし，本人が刑務所よりも社会のなかで生きたいと思えるように支えられる，復帰する場としての社会について真摯に考え続ける必要がある。この具体的な社会復帰の場が設定されないと復帰することはできない。もっとも，かれらはそもそも復帰すべき場をもっていたのか。復帰すべき社会のイメージが曖昧であることが現在の社会復帰概念の最も弱い面だといえよう。このイメージは刑務所等に入る前の社会階層によっても異なるであろうし，犯した罪の種類によっても異なるであろう。このようにやはり社会復帰の過程は曖昧であり，複合性にとんでいるため，統一的な概念化が困難であることもなお事実である。社会復帰が，犯罪行為者とそれを支える支援者，さらには社会全体との相互作用のなかで達成されるものであるとすれば，それぞれからそれぞれの社会復帰のあり方を抽出し，実証的に整理し，分析概念としての社会復帰像を確立させていく必要がある。

　現在，各地で続々と，地方再犯防止計画の策定がおこなわれている。仏造って魂入れず，となってしまっては意味をなさない。このさまざまな取り組みが，単に社会の安全を守るためではなく，犯罪行為者の一人ひとりの社会生活を支える取り組みへとつながるように，いま一度，犯罪からの社会復帰の意味を問わなければならない。

〔注〕
1）　更生保護法の施行前後の保護観察実務の動向については，吉田（2014）
　　を参照されたい。ただし，その真価は，更生保護法施行以降に保護観察所に
　　入庁した保護観察官が，統括等の中核的な役割に立ったときにこそ問われる
　　のではないかと考えられる。

2） フレイレ（2011：24）は，抑圧される側からの社会を捉えることの重要性を指摘している。

3） このように，現在でこそ，英和辞典を引いても rehabilitation は，「社会復帰」や「リハビリテーション」という訳語が第一義的にあてられているが，当初，厚生省はこのことばに「更生」という訳語をあてていた。歴史的には，中世のヨーロッパにおいて王がいったん剥奪した臣下の地位，身分を回復すること，あるいは破門の取消しといった宗教的な意味合いで使われていたという。キリスト教の支配する当時のヨーロッパ社会では，その理由のいかんを問わず破門されることは人間であって人間ではないということを意味しており，一度，人間ではなくなった者が，再び人間の仲間として迎え入れられるということを意味していたのだといわれている。その後，近代に入って非宗教的な意味で使われるようになり，「名誉の回復」とくに「無実の罪の取消し」ということを指すようになっていく。ここから，「現実に罪をおかし罰せられた犯罪者の社会復帰（『更生』）をリハビリテーションと呼ぶことが今世紀（20世紀：著者注）はじめにはじまった」とされている（上田 1983：7）。この点，上田（1983：8）は，「無実の罪に問われたものと，実際の犯罪者とを同一視することがどうして可能なのか」と，「犯罪者の社会復帰」と「破門の取消し」や「無実の罪の取消し」との相違を強調し，犯罪行為者の「社会復帰事業」がリハビリテーションの名のもとに推進され，「更生」という訳語があてられることに対しての嫌悪感をあらわにしている。この明らかな嫌悪感に象徴されるように，障害者運動のなかで「障害者」と「犯罪者」とが同視されることが徹底的に批判され，いくえもの議論を経て，現在の「リハビリテーション」や「社会復帰」が前面に出たかたちに集約されたものと考えられる。この訳語の変遷は，英和辞典のレヴェルでもみられる。『新英和中辞典』でも1929年版では，「復舊；復職，復位，復権，名誉回復」となっており，「社会復帰」という意味合いは掲載されていなかった。

4） 政策形成過程で語られることばが，報道で語られることばを導き出し，社会におけるそのことばの意味を形成していくものであると考えられる。

5） 本章では，「社会的復帰」ということばを「社会復帰」と同義に解している。

6） 懲罰と社会復帰の調和をとり，咎めること(懲罰)は手段で，許すこと(社会復帰)こそが刑罰の本当の目的であるとしたこの議論を，現在の国会議員たちはいったいどのように受け止めるのであろうか。

7） データベース（聞蔵Ⅱ）上では，1931年4月10日の朝日新聞朝刊11面に掲載されている「仮釈放で良きに導く　全国規則を統一して活用の議」がヒットするが，本文中に「社会復帰」ということばは出てこない。これは検索キー

ワードとして聞蔵Ⅱの編集者が登録したものと考えられる。1938年10月27日夕刊2面「この意気を見よ　白衣勇士自転車行進」、1939年3月9日朝刊10面「徒食気風を捨てて老後報国・職場に更生　養育院にも時局色」も同様である。

8）　新聞記事や学術論文等も，政府の政策の影響を受けて変遷していく，ということは改めて指摘するまでもないことであろう。

9）　石田・金（2012：5）によれば，「共起は，任意のいくつかの単語，文節，あるいは語句が同時に文内，あるいはテキスト内に使用されている」状態を指す。

10）　KH Coderで品詞を「名詞，サ変名詞，固有名詞，組織名，人名，地名，未知語，タグ，名詞B，名詞C」，表示する後の数を「上位50」に設定している。また，「再出発期」では「つて」「つた」を除外し，「法改正期」では「他」「害」を複合語に設定した。

11）　データの抽出条件は，本節第1款に示したとおりである。刑事司法領域とのかかわりを探るためには，「刑」のほかに，「罰」や「罪」といったことばが想定される。「刑」が634件，「罪」は608件，「罰」は254件となり，「刑」が最も多くの検索件数となった。したがって，本章ではこの「社会復帰」および「刑」の検索結果を便宜的に刑事司法領域における「社会復帰」の議論状況を示すものとして分析に用いる。

12）　2014年はとくに関連する重要法案についての議論がなされているわけではないが，「再犯防止」等を議題とした議論が多くおこなわれていた。

13）　医療観察法については，〔154-衆-本会議-37号〕2002年5月28日，〔154-衆-法務委員会-15号〕2002年5月31日，〔154-衆-法務委員会-16号〕2002年6月5日，〔154-衆-法務委員会-17号〕2002年6月7日，〔154-衆-法務委員会-18号〕2002年6月28日，〔154-衆-法務委員会厚生労働委員会-1号〕2002年7月5日，〔154-衆-法務委員会厚生労働委員会-2号〕2002年7月9日，〔154-衆-法務委員会厚生労働委員会-3号〕2002年7月12日，〔154-衆-議院運営委員会-56号〕2002年7月31日，〔155-衆-法務委員会-1号〕2002年10月29日，〔155-衆-法務委員会-13号〕2002年11月27日，〔155-衆-法務委員会厚生労働委員会-1号〕2002年11月29日，〔155-衆-法務委員会-14号〕2002年12月3日，〔155-衆-法務委員会厚生労働委員会-2号〕2002年12月3日，〔155-衆-法務委員会厚生労働委員会-3号〕2002年12月4日，〔155-衆-法務委員会-15号〕2002年12月6日，〔155-衆-本会議-17号〕2002年12月10日，〔155-参-本会議-13号〕2002年12月11日，〔156-参-法務委員会-9号〕2003年5月6日，〔156-参-法務委員会-10号〕2003年5月8日，〔156-参-法務委員会-11号〕2003年5月13日，〔156-参-法務委員会-12号〕2003年5月15日，

〔156-参-法務委員会-13号〕2003年5月20日，〔156-参-法務委員会・厚生労働委員会-1号〕2003年5月26日，〔156-参-法務委員会-14号〕2003年5月27日，〔156-参-法務委員会-15号〕2003年5月29日，〔156-参-法務委員会・厚生労働委員会-2号〕2003年6月2日，〔156-参-法務委員会-16号〕2003年6月3日，〔156-参-本会議-29号〕2003年6月4日，〔156-参-本会議-30号〕2003年6月6日，〔156-衆-法務委員会-30号〕2003年7月8日，〔156-衆-議院運営委員会-47号〕2003年7月10日，〔156-衆-本会議-44号〕2003年7月10日についてを分析の対象とした。次いで，更生保護法については，〔166-衆-本会議-21号〕2007年4月12日，〔166-衆-法務委員会-11号〕2007年4月13日，〔166-衆-法務委員会-13号〕2007年4月25日，〔166-衆-法務委員会-14号〕2007年4月27日，〔166-衆-議院運営委員会-27号〕2007年5月8日，〔166-衆-本会議-27号〕2007年5月8日，〔166-参-本会議-29号〕2007年5月25日，〔166-参-法務委員会-15号〕2007年5月29日，〔166-参-法務委員会-16号〕2007年5月31日，〔166-参-法務委員会-17号〕2007年6月5日，〔166-参-法務委員会-18号〕2007年6月7日，〔166-参-本会議-34号〕2007年6月8日についてを分析の対象とした。最後に，再犯防止推進法については，〔192-衆-法務委員会-8号〕2016年11月16日，〔192-衆-本会議-11号〕2016年11月17日，〔192-参-法務委員会-11号〕2016年12月1日，〔192-参-法務委員会-12号〕2016年12月6日，〔192-参-本会議-16号〕2016年12月7日についてを分析の対象とした。

14) だが，ネガティヴに捉えれば，従来，「社会」の問題として捉えられてきた問題が，「個人」に対する「支援」で捉えられるべきものへと新自由主義的な転換がおこなわれてきたとみることもできるのかもしれない。

15) 「○政府委員（齋藤三郎君）……もともとこの法案の狙いが，世間でややもすると犯罪者を刑務所に送れば終れりと考える軽率な方もございますが，すべて刑務所に入つた者は一定の時期が来ると出て來るのであります。出所するのであります。その出所者が社会に対して反対的な氣分を抱いて出て來るということになりましては，本人のみならず社会も亦保護されないということになりますので，刑務所におきましては本人の更生教育ということに重点を置きまして，そうして行刑の仕事を一生懸命にいたしておる次第でございます。この法案におきましては，その刑務所の更生計画，教育計画に即應いたしまして，受刑者が刑務所に入りますと，直ちに社会復帰の方針を，本人の意見も十分汲入れまして，その社会復帰の方策を立てさせまして，そうして教育の効果を挙げ，できるだけ早く社会に出しまして，そうして拘束，あの非常に自由を制限された世界から，いきなり無條件で世間の荒波に対抗させるというような危険なことをしないで，中間の期間において，

中間の場面を一つ作つて，そうしてその期間十分手厚い保護と指導をいたし，本人を更生計画の通りに社会に完全に復帰せしめるという，こういう考えでいたしているものでありまして，その方針，やり方につきましても，十分御指摘のような，曾ての失敗のようなことのないように注意いたして行きたいと存じております。」（5-参-法務委員会-17号1949年5月19日）と，保護観察の意義を論じている。

16) 他方，再犯防止推進法の法案提出理由は，「第一に，この法律は，再犯の防止等に関する施策を総合的かつ計画的に推進することにより，国民が犯罪による被害を受けることを防止して，安全で安心して暮らせる社会の実現に寄与することを目的とすることとし，犯罪をした者等及び再犯の防止等について定義を設け，基本理念，国等の責務などについて定めることとしております」（192-衆-法務委員会-8号2016年11月16日）と，社会防衛を第一義的に掲げ，犯罪行為者の改善・更生についてはその理由のなかでふれられることがない。

17) 「○鬼丸義齊君 ……改善ということと更生と二つありますね。改善と更生の相違はどういうふうに確然と区別されるか，勿論区別されるべきものでありましようが，改善と更生との区別，それからそれを一字一句区別しておる実益ありやということが第一点。」「○政府委員（齋藤三郎君） 第一点の改善と更生は場合によつては同じ意味になる場合もあるかも知れませんが，改善というのは主として本人の心的，本人の内的な性格なり，そういうものを考えております。更生は社会的本人の地位と，本人は非常によくなつたが，やはりその正業に就けないというような場合に，やはり本人が社会に復帰するためには本人の性格が陶治され，そうして善良な人間になつて，社会的の安定したどつかの椅子のいいところに落付けるという場合に，やはり更生したという言葉の意味で，改善だけでは足らないので，本人が性格がよくなつたが，併し社会的な就職もできない，又家庭の環境もまだ十分これなら安全だと，これならもう大丈夫だというところまで行つていないというときは，更生を又図る必要があるのじやないかと，かようなことになつたのであります。」（5-参-法務委員会-16号1949年5月18日）というように，改善・更生の意味にまで踏み込んだ議論がなされていた。

18) もちろん，実践レヴェルでみた場合，ネガティヴな側面ばかりではない。再犯防止推進法の施行以降，種々の問題は内包された状態にあるが各地方検察庁に配置された社会福祉士による入口支援が活性化されつつある（一方で，社会福祉士が捜査機関に配置されることによって，捜査加担することになったり，再犯防止を第一義的に掲げたかかわりを求められる可能性を孕んでいることには注意が必要であるし，今後，その内実を詳細に検証していく

ことが不可欠といえる）。また，各地域生活定着支援センターによる特別調整対象者にもリピーターがみられるようになっている。これは歓迎すべき傾向であると思われる。再犯を社会復帰の失敗と捉えるのではなく，粘り強くかかわり続ける必要がある。生きるために再犯をおこなってきた者にとって，一度，福祉的な支援が得られたからといってそう簡単には犯罪から離脱できるわけではない。

19）だが，そもそも，社会から逸脱し，排除される者たちは，本当にその社会に復帰しなければならないのだろうか。自分と違う異質な他者を受け入れがたいマジョリティが構成する社会のほうこそが変わるべきである可能性はないのだろうか。この点については，別途検討が必要である。

20）またその前提としては，人間の可塑性への確信の存在と，社会復帰が何を意味するのかという価値の合意が必要であるという（Allen 1981：11）。

21）しかしながら，再犯は，決して支援の失敗を意味するのではない。これまでの支援の方針を見直すひとつの契機にすぎない。

第3章

再犯防止が社会復帰を妨げる？

1 安全で安心して暮らせる社会の実現を推進する？

2016年12月7日，刑務所等からの出所者の再犯防止を国と地方自治体の責務と明記した議員立法「再犯の防止等の推進に関する法律案」が，参院本会議において全会一致で可決・成立した。この法案の提出理由は以下のように記されている。

「国民の理解と協力を得つつ，犯罪をした者等の円滑な社会復帰を促進すること等による再犯の防止等が犯罪対策において重要であることに鑑み，再犯の防止等に関する施策を総合的かつ計画的に推進し，もって国民が犯罪による被害を受けることを防止し，安全で安心して暮らせる社会の実現に寄与するため，再犯の防止等に関する施策に関し，基本理念を定め，国及び地方公共団体の責務を明らかにするとともに，再犯の防止等に関する施策の基本となる事項を定める必要がある」

全24条からなるこの法律案には，刑務所等における教育や職業訓練の充実，出所者らの就労先や住居の確保，保健・医療と福祉サービスの利用に関する支援，保護観察体制の整備等を定める「再犯防止推進計画」を政府が閣

議決定することが規定され，地方自治体もその推進計画にもとづき「地方再犯防止推進計画」を定める努力義務を負うとしている。この法律は，「再犯防止に向けた総合対策」（2012年）により定められた「刑務所出所後 2 年以内に再び刑務所に入所する者等の割合を今後10年間で20％以上削減する」という数値目標の達成のために設けられたものである。

　犯罪からの社会復帰に必要な支援のメニューを具体的に定めた法律が成立したことは一見望ましいことのように思われる。しかし，このような施策を手放しで評価してよいのだろうか。この点，土井（2018：11）は，この推進計画は，その対象者たる「犯罪をした者等」が「主体として尊重され，生きる権利や幸福を追求する権利を保障されるという観点からの具体的な提案にはなって」おらず，「むしろ，本来享受しうる権利が再犯防止のための施策の中に解消され，再犯防止の反射的効果としての便益供与にすぎないものとして再編されている」と指摘している。近年の再犯防止を目的とする諸策は，急速に進む刑事司法と福祉との連携に対して，いったいいかなる変化をもたらすのだろうか。本章は，再犯防止を強調する諸策の源流となる更生保護法がもつ問題を中心に再犯防止をめぐる諸立法が，出所者の社会復帰をめぐる諸策に与えるさまざまな影響について批判的な考察を加えるものである。

2　目標としての社会復帰，目的としての再犯防止？

　2007年に制定された更生保護法の 1 条には，「この法律は，犯罪をした者及び非行のある少年に対し，社会内において適切な処遇を行うことにより，再び犯罪をすることを防ぎ，又はその非行をなくし，これらの者が善良な社会の一員として自立し，改善更生することを助けるとともに，恩赦の適正な運用を図るほか，犯罪予防の活動の促進等を行い，もって，社会を保護し，個人及び公共の福祉を増進することを目的とする」と定められ，再犯防止目的が強調された（傍点著者）[1]。この法律では，その目的規定のなかに，「再び犯罪をすることを防ぎ」と，明確に再犯防止と改善更生とが一体のものとして明記されている。また，保護観察における遵守事項を整理し，弾力的な

設定を可能にするとともに，出所者の社会復帰のための生活環境の調整を
いっそう充実させ，犯罪被害者等の意見等を仮釈放審理において聴取し，そ
の心情等を保護観察対象者に伝達する制度が導入されるなどとされた。

　瀬川（2011：133）は，この再犯防止目的が強調された更生保護法を「こ
れまでの保護観察が，対象者に対して，寛容であるばかりで，適切に厳しい
措置を講じてこなかったことが，保護観察の機能不全をもたらし，国民に不
安感を与えたことの反省があることを忘れてはならない」と，自らも委員を
務める『更生保護制度改革の提言：安全・安心の国づくり，地域づくりを目
指して』(更生保護のあり方を考える有識者会議，2006年)の認識を示しつつ，
「更生保護法に定められた保護観察の遵守事項が，従来に比べて『強制』的
な要素を強めたとしても，それだけで改正の意義を否定すべきではない」と
好意的に評価する。川出・金（2012：162）もまた，「釈放後，犯罪に及ぶこ
となく自立的な生活ができるような意思と能力を受刑者に持たせることが，
改善更生と社会復帰を図るということの意味内容であると理解すべきであろ
う」と再犯防止目的を前提とした更生保護の解説をおこなっている（傍点著
者）。

　だが，そもそも犯罪者予防更生法は，戦前の監視中心の保護観察から社会
への円滑な橋渡しをおこなうべく「更生の措置」として再編成し，ケースワー
クにその中核的機能をもたせたものであった。その中心となる保護観察は，
指導監督と補導援護という，相反する性質をもつものであったために，実務
のなかでつねにその両者のバランスをとるかたちで展開されてきた（内田
2015）。そして，できうる限り非権力的な援助をつうじて対象者の更生を促
進し，その反射的効果としての再犯が防止されるという方向を追求すること
によって，その矛盾を解消する努力がなされてきたといわれている（土井
2007：4，10）。この努力が，更生保護法の制定によって反故にされ，監視・
監督による統制機能の強化が前面に出されることによって，対象者の生活再
建のための福祉的支援の提供は後退させられることになるのではないかとい
う危惧がなされてきた[2]。

　この更生保護法の成立にともない，犯罪行為者に対する犯罪統制側の見方
も変化しはじめる。累犯を特集した『犯罪白書』からその変化を読みとるこ

とができる。たとえば1978年版では，再犯者の減少傾向を評価しつつ，社会，経済の一般的繁栄にもかかわらず，これに背を向けるかとり残されるかのように大小の犯罪をくり返す人びとの存在を指摘したうえで，「適切な再犯対策を実施し，再犯者の改善更生・社会復帰を強力に推進することにより，再犯から社会を保護する」必要性を強調していた。1988年版でも，再犯対策として初期対策の重要性とならんで社会復帰支援の必要性を指摘していた。これに対して，2007年版では，「再犯者は，犯罪全体に占める人員の比率が比較的低いにもかかわらず，事件全体数に占める事件数の比率は初犯者のそれに比べて格段に高く，社会に多大な脅威と被害をもたらしている。その一方で，再犯者は，犯歴を重ねるにつれて犯罪傾向が進むことなどから，その改善・更生を図ることが困難になる」としている。2009年版では，「現在，政府は，真の治安再生を目標に様々な犯罪対策を講じているが，その中でも，犯罪を生まない社会を構築するための施策のひとつとして，犯罪者を改善更生させ，市民社会の健全な構成員として取り込んでいく共生社会の実現を目指し，様々な再犯防止施策に取り組んでいる」とし，2011年版では，「治安回復の道半ばであって，国民の治安に対する不安感は払拭されていない。このような現況の犯罪情勢における問題点の一つに再犯者の問題があり，検挙人員に占める再犯者の割合は近年高まってきている」とし，2016年版では，「凶悪事件の発生が後を絶たない上，近年，特殊詐欺やストーカー犯罪，児童虐待事件が増加するとともに，窃盗や覚せい剤事犯といった身近で起こり，かつ量的にも大きな比重を占める犯罪において再犯の問題が顕著になっている」とするなど，そのまなざしは大きく転換されている。

　新聞紙上においてもこの傾向は顕著である。たとえば，仮釈放の運用をめぐる議論においては，仮釈放者による傷害事件があったことを受けて「こういう事件があるからといって仮釈放を減らすと，別な弊害が出てくる。社会で立派にやっていける人間が仮釈放してもらえないで刑務所に長くいると，だめになってしまう。文明社会では，かつて罪を犯した人間も，社会の自浄作用で市民にしていく努力が必要だ」（『朝日新聞』1984年8月13日朝刊1面）と，1980年代半ばにおいては犯罪行為者を社会が受け入れ，共生していこうとする姿勢を示している。これは，時の法務省保護課長岩井敬介の発言であ

る。それが2000年代に入ると、「仕事の有無が再犯率を大きく分けることから、全国の更生保護施設などとも情報を共有して、再犯防止につなげたい考えだ」(『朝日新聞』2009年4月20日夕刊1面)と、再犯防止が目的であるかのように語られている。しかし同時に、2000年代後半以降、社会復帰支援という言説もしきりに語られるようにもなっている。「刑務所出所の高齢者・障害者の社会復帰支援」(『朝日新聞』2010年6月11日朝刊31面〔福井県版〕)、「法務省は31日、刑務所出所者の再犯防止に向けた社会復帰支援対策をとりまとめ、発表した」(『朝日新聞』2010年8月31日夕刊12面)、「法務省は高齢者の再犯について、出所後の貧困や身寄りがないことが原因だと分析。ただ、受け入れ先の確保は容易ではなく、地方自治体や福祉施設などと連携した社会復帰支援策を強化する」(『朝日新聞』2017年11月17日夕刊15面)といった具合にである[3]。犯罪行為者が社会生活を営むうえで〈支援〉が必要とされはじめたことは評価に値する。だが、そのことが高齢者や障害者といった一定〈同情に値する〉犯罪行為者や、あくまで再犯防止を目的とした施策に対してでなければならないことには大きな疑問が残る。

　このように更生保護法の成立を機に、社会防衛の視点から再犯リスクを管理し、再犯防止を強調することで、犯罪行為者は社会にとって危険なリスク要因であるという色彩を強める。こうして危険なリスク要因でありながらも〈同情に値する〉高齢者や障害者といった、社会的な弱者として認識され、特段の配慮を要する犯罪行為者以外には、公的資金を投じての支援など許されないという世論が構築されていく。犯罪からの社会復帰の構成要素ともいえる支援者や社会そのものが、犯罪行為者自身のことを忘れて、再犯防止を強調すれば、かれらは申し訳なく社会復帰させてもらう客体へとなり、孤立感を強め、逆に再犯リスクを増幅させることにもなりかねない。そうだとすれば、再犯防止は決して目的であるべきではなく、あくまでかれらの改善更生の結果であるべきなのである。

3　刑事司法と福祉のジレンマ

　高齢者・障害者による犯罪が社会問題として構築され，社会復帰支援の対象として認識されるなか，犯罪社会学のジャーナルである『犯罪社会学研究』では，「刑事司法と福祉の連携の在り方：犯罪行為者の社会復帰支援の現状と課題」（2014年）と題された特集が組まれている。地域生活定着支援センターの設置，出所者就労支援事業者機構の新設，矯正施設および更生保護施設への社会福祉士の配置，刑事施設出所後の出口支援から執行猶予や起訴猶予段階における入口支援への拡大など，この間に整備された刑事司法と福祉との連携のあり方に生まれた変化を特集の趣旨として説明している（土井2014：4）。

　だが，刑事司法と福祉との関係についての議論というのは，実は古くて新しいテーマであるといえる。『犯罪社会学研究』の歴代の特集に目をやると，さかのぼること17年前には，「司法と福祉」（1997年）が，さらにその16年前には「司法・福祉・教育」（1981年）が企画されている[4]。当初の議論を史的にみれば，1970年代から1980年代前半にかけての少年法改正の流れのなかで，矯正，福祉，教育の専門家を束ねる理論と実践の構築が喫緊の課題とされていた。これは司法福祉学[5]の黎明期に重なる。そしてその眼目は，少年審判における正確な事実認定と結合した少年の教育と福祉の司法的実現にあった（前野 1981：12）。その後，刑事司法と福祉をめぐる問題は少年領域にとどまるものではなく，幅広い接合点をもつものであることが認識されはじめ，高齢者，野宿者，更生保護対象者といった人びとにも焦点があたり，さらなる議論が展開していくことになる（瀬川 1997：4）。

　この3つの特集のなかでも，とりわけ根源的な問いを発するのが，島（1997）および竹村（1997）である。島（1997）は，住民意識調査の結果を用いて実証的に住民が野宿者に抱く「嫌悪・忌避」と「同情・理解」という，相対するイメージが公的なレヴェルにも反映され，前者の延長として取締り・治安政策が実施される一方で，後者のそれとして福祉的援助・保護政策

が展開されていることを明らかにしている。また竹村（1997）は，福祉社会における国家の介入によって生じる病理現象について理論的な側面からのアプローチを試みる。竹村は刑事司法システムを〈処罰コード〉，福祉システムを〈援助コード〉ということばに置き換え，その交錯する場で生じる重大な問題について論じている。処罰コードは，対象者への公平な対応が求められる合法／不法の二元的で画一的なコードであるのに対して，援助コードはクライエントの多様なニーズに応じるために両極の中間に位置する段階的なコードであるという。この２つの異質性から施設内処遇における両立の困難性を指摘したのち，援助コードについては，社会内処遇のなかでの展開が期待されていたことを指摘している。そのうえで両者を共存させ，結合させることの困難性を論じ，それぞれのシステムの機能にとって障害となる可能性があり，刑事政策が社会福祉の世界に無条件にもち込まれ，混同されることの誤謬と，両者の区別と連携の明確化の必要性を主張している[6]。こうして，処罰コードと援助コードとの無批判な結合から生まれるものは〈規律的福祉制裁〉といいうる犯罪・犯罪者の監視・管理・統制を中心とする処遇形態であるという[7]。たとえば，生活保護費によるギャンブル禁止条例（小野市福祉給付適正化条例〔2013年4月施行〕）の制定や，シェアハウスの別部屋に親族以外の異性と同居した場合にひとり親に対する児童扶養手当等の支給打切り事例（『朝日新聞』2015年1月19日朝刊1面）など，福祉がその対象者の生活態様にまで介入しようとする傾向がその証左としてみられた。支援されるに値する人間であれといわんばかりに，援助コードに処罰コードが組み込まれた条件付き，制裁付きの支援が横行しはじめていることには留意が必要である。しかし一義的には，刑事司法が社会防衛を志向し，福祉が当事者の生活再建と権利擁護を志向することがその前提として考えられてきたことは確かなことであろう。目的の違う刑事司法と福祉との連携を考えるうえでは，より強大な権力によって運営される刑事司法に，福祉が絡めとられていく事態は容易に想定される[8]。福祉本来の機能を刑事司法という領域のなかでいかに保ち続けるかということは重大な課題となる。

　この点，内田（2014：30）は，司法福祉の司法的機能のなかに社会防衛の要請が強調されることによって，福祉的機能はそのなかで従属的な位置を与

えられることに警鐘を鳴らす[9]。「司法」と「福祉」とが結合することで，刑事司法のもつ人権保障機能が部分的に尊重されることにはなるが，社会防衛を背景にもつ真実発見機能が強調されるようにもなる。真実発見機能を基軸とする司法的機能と，犯罪的危険性の除去の意味における福祉的機能とが結合することによって，規律的福祉制裁や福祉の刑事司法化ともいえる事態を招いてしまうことになりかねない[10]。

　そもそも，刑事司法と福祉との連携は，福祉的支援を受けていれば刑事司法に接触せずに済んだ人びとを，福祉の枠組みのなかで支援していくことで生みださないために進んできたものである。この再犯防止という概念には，「いずれの立場も犯罪とされる行為の再発を防ごうとする指向性は共通するが，実現しようとする価値には大きな相違が存在し」，「個人の幸福，福利の向上」を志向する「本人への更なる負因賦課を回避するための再発防止」と「社会の安全，治安の維持」を志向する「社会防衛のための再犯防止」との2つの意味があるとされる（水藤 2018：38-39）。刑事司法と福祉との連携のなかで刑事司法の側が強調するのは，あくまでも再犯防止となる。たしかに，再犯を防止するということは，どの立場に立っても否定すべき理由はみあたらない[11]。しかしながら，福祉の側では，この再犯防止という概念に十分に目を向けることなくここまできてしまったという経緯がみられる。そもそも刑事司法は，法によって犯罪をつくりだし，自由の剥奪や金銭的な負荷等によって一定の落とし前をつけ，資本主義社会に組み込んでいくということを目的としている。これに対して，福祉は，犯罪という法に触れる行為であるか否かは別として，もともとある意味での逸脱した人たちを支援すること，もっといえば困難を発見することを目的としている[12]。基本的には期限が一定期間に限定されている刑事司法に対して，福祉には期限的な区切りがなく，ある意味では一生の付き合いが前提とされている。

　この点，加藤幸雄（2013）は，刑事司法と福祉の連携について，それぞれに有するアイデンティティの隔たりを今後いかに実務的・理論的に乗り越えていくかという問題を提起している[13]。そもそも，福祉が個別性を重要視するのに対して，刑事司法は公平性を重視し，一人ひとりのことを考えた構成にはなっていない。刑事司法か，福祉か，という二項対立的な捉え方ではな

表3－①　刑事司法と福祉のアイデンティティの隔たり

	刑事司法	福　祉
イメージ	切　断	受　容
基本機能	社会防衛	自立援助
目　的	再犯防止	人間的成長
職　務	規律遵守	ソーシャルワーク
解決方法	法的解決	実体的解決
行動様式	パターナリズム	インフォームドコンセント
決定方法	指示・命令	自己決定
手　続	適正手続	フェアネス
対　応	一　般　的	個　別　的
態　度	権　威　的	自　律　性
役　割	処遇決定	人権擁護

出典：加藤幸雄（2013：214）一部・改。

く，ウエイトのおき方が問題になってくるのだ。レゾンデートルを異にする両者が，その性質から権力性を帯びた刑事司法に飲み込まれることなく，お互いの専門性を活かして連携していくためには，お互いの特性を理解し，尊重していかなければならないはずである（掛川 2016：73）。

　元来，福祉とは，「一人ひとりが福祉（幸福）を実現する」ことにあり，「個々の生活者の視点に立ち，社会的な支援を必要とする生活問題を見つけだし支援する」ことこそが，社会福祉が本来的に有する機能であるはずだ（稲沢・岩崎 2008：129）。また，2014年に採択された「ソーシャルワーク専門職のグローバル定義」では，ソーシャルワークとは，「社会変革と社会開発，社会的結束，および人々のエンパワメントと解放を促進する，実践に基づいた専門職であり学問である。社会正義，人権，集団的責任，および多様性尊重の諸原理は，ソーシャルワークの中核をなす。ソーシャルワークの理論，社会科学，人文学，および地域・民族固有の知を基盤として，ソーシャルワークは，生活課題に取り組みウェルビーイングを高めるよう，人々やさまざまな構造に働きかける」ことをいうと定義されている（日本社会福祉士会HP

https://www.jacsw.or.jp/06_kokusai/IFSW/files/07_sw_teigi.html　最終閲覧日
2019年9月30日）。刑事司法と福祉との制度的な連携が進められている今こ
そ，原点に回帰し，福祉の目的から考えていく必要がある。刑罰によって，
自らの犯罪行為を省み，生活を立て直すことができない人にこそ福祉的な支
援が求められているのだ[14]。山田（2017：4）は，「本人の利益を基本とし，
権利擁護，自己決定，自己実現を大切にする。強制力もなければ，権限もな
い。このことを前提にすると，出会う場所は刑務所だが，出所して社会に出
ると，他の高齢者や障がい者と変わらず，福祉が必要であれば，福祉の枠組
みで支援する」と，出所者支援と他の福祉的ニーズを有する者への支援とに
差がないことを強調する。そのうえで，とくに累犯者は「刑務所の壁は低く，
刑務所のルールに従えばいずれ出所できるし，社会でうまくいかなければ，
刑務所に入ればいいという習慣」を身につけており，その習慣を断ち切るた
めには，「犯罪から遠ざかる環境，習慣，物事のとらえ方を変え，結果的に
再び犯罪者にならないような支援をするのが私たちの仕事なのである。回り
くどいようだが，この思考がぶれると，窮屈になったり，再犯につながるこ
とさえもある。人として大事になれることを，時間をかけて，関係機関と共
にじっくり伝えていくことを何よりも大切にしている」と，その支援の難し
さと，福祉の立ち位置とを表明している（山田 2017：4-5）。

　しかし，「『社会』という集団のなかにおけるひとりひとりの『幸福な人生』
（福祉）」を目指すという社会福祉が本来もつ意味を絶えず確認し（糸賀
1968：67），信念をもってソーシャルワーク実践を続ける現場のソーシャル
ワーカーの不断の努力による，というだけでは安定した支援を継続させるこ
とは困難となろう[15]。社会防衛を重視して，監視機能を強化すれば貧困や社
会的排除は助長されるばかりである[16]。また，そのことは再犯を助長するこ
とにもつながり，再犯防止を第一義的に考える立場からも逆効果となるはず
である。このように刑事司法と福祉とが現に直面する問題を前に，内田
（2014：86）は，障害者総合支援法がいわゆる社会モデルにもとづいて「障
害者及び障害児が日常生活又は社会生活を営むための支援等が国等の責務」
と明言していることと，更生保護法とを対比させて論じる。そして更生保護
法は，更生保護に関する国等の責務の内容はあくまでも民間の団体・個人が

自発的におこなう活動を促進し，連携協力するとともに，国民の理解を求め，その協力を得るということにとどまり，その責務は努力目標におわっていると批判する。対象者の個人の努力が前提であり，支援は社会の善意と同情によるべきものであるという世論の構図を批判しているのだ。刑事司法と福祉とが抱える本質的な矛盾を解消し，刑事司法を福祉的支援の担い手とするためには，考え方の抜本的な転換が必要となる。その意味で，この社会モデルという考え方は，社会内処遇の人道的発展に向けても参考にすべきものであると考えられる。さらに，森久（2017：774）もまた，この社会モデル的な考え方に依拠し，「犯罪行為／刑事司法への関与を契機に可視化された『傷つきやすい状態（vulnerable）にある人』」[17]の支援の必要性を主張している。

　ただし上述したように，本来は「無条件の権利（社会権）」であるところの援助コードが処罰コードとセットにされることによって，福祉が社会統制の手段となっている現象も生じはじめている。強大な権力をもつ刑事司法の手段としての福祉とならないよう，さらに福祉が対象者の生活再建と権利擁護を第一義的に考えられるように〈福祉の刑事司法化〉に釘をさすことはいうまでもなく重要なことである。だがしかし，福祉のほうが刑事司法のほうにすり寄る，あるいは刑事司法的な制裁の虎の威を借りよう——理念的な社会復帰支援とは異質で専横的な抑圧的な力が働いている可能性——としている福祉の現実も見逃してはならないだろう。刑事司法が社会防衛を，福祉が生活再建と権利擁護を志向することが当然とはいえない状況が，近年の社会（福祉）政策の動向からは見受けられるのだ。ここ数年の刑事司法と福祉との連携については，福祉の側からも社会防衛的な要素と結びつけることで，より統治を確実なものとしたい，という思惑もあって連携が加速していったとみることもできるかもしれない。こうしてみてみると，両者の連携の入口部分では必ずしも刑事司法のほうにイニシアティヴがあったとはいえないようにも思える。〈権利としての福祉〉から〈条件付きの福祉〉へという社会（福祉）政策の転換は，〈公的扶助の更生保護化〉をもたらす可能性すらあると考えられ，これまで以上に注意して動向を観察する必要がある。

4 福祉的支援とその資格化

　高齢者や障害者による犯罪に対して，固有の政策が論じられるようになった昨今，犯罪行為者の特性に応じた差異的な制度が確立しつつある。福祉の定義をいかに論じるかによっても変わってこようが，高齢者であればこれ，障害者であればあれ，といった分類化が可能になる。反対に，高齢者でなければ受けられないこの支援，障害者でなければ受けられないあの支援という，支援を受けるための〈資格化〉が進行しているともいえる[18]。

　Christie（1986）は，犯罪被害者の問題を考えるうえで，〈理想的な被害者（ideal victim）〉というひとつのステレオタイプなイメージが存在することを指摘している。理想的な被害者とは，「犯罪に襲われた場合に，もっとも簡単に被害者であるという完全な，そして正当な地位を与えられる」被害者をいう（Christie 1986：18）。理想的な被害者は，①弱い人間であり，②立派なおこないをしており，③存在をいかにしても非難することができず，④加害者は巨悪であり，⑤被害者と加害者とのあいだに面識がない，という5つの属性を有する（Christie 1986：19）。善き被害者と，悪しき加害者という二項対立図式のなかで整理し，善き被害者，理想的な被害者こそがさまざまな支援を受ける資格のある正当な地位を有する，つまり〈助けるに値する被害者（deserving victim）〉であるというのだ[19]。

　全体としての犯罪が減少する日本において注目を集めている高齢者や障害者といったカテゴリーは，この被害者性を一部有するものであるとみることもできそうである[20]。すなわち，加害者も象徴的な加害者役割を担う〈極悪非道なモンスターとしての加害者〉と，そこからはいくぶんか逸脱した同情に値し酌むべき事情がある〈かわいそうな加害者〉とに分類され[21]，それぞれに役割期待が求められ，前者には徹底的な戒めと排除を，後者には恩恵としての支援と包摂をというような二分化が生じている。福祉的支援の対象がこの〈かわいそうな加害者〉に限定され，資格化されていけば，その要件を満たさない者に対しては支援をしてはいけないという流れをつくりだすこと

になってしまいかねない。目指すべきは支援の必要な者に，必要な支援をおこなうことにある。

　出所者に対してまずは，生活困窮者のひとりとしての視点をもち，その他の福祉的支援の対象者と同じくして支援をおこなうことのできる体制を整えることが重要である。〈同情に値する〉〈かわいげがある〉等ということを要件に〈かわいそうな加害者〉だけが福祉的な支援の受給者として資格化しないための仕組みを，再度問いなおす必要があろう。

5　再犯防止という新たな苦痛

　そもそも刑罰とは，人間に苦痛を与えるものである。しかし，人間に苦痛を与えることでは何も解決できない。裁かれる者と裁く者とを，悪と善とに二分して考えるのではなく，互いに同じ人間同士であると認めたうえで，解決を模索していく必要がある（Christie 1981）。

　日本ではいまだ「処罰神話」「刑事司法神話」が根強い。刑罰は苦痛であり，苦痛による目的の達成には限界があるという認識は皆無に等しい[22]。Christie（1981）は，刑務所は刑務所の役割を与えられてそこにある限りは，そこは受刑者に苦痛と恥を与える場所であるという。どのように快適な刑務所にいたとしても，どのように劣悪な環境の刑務所にいたとしても，出所して地域のコミュニティに戻ってきたら，その住民たちにとってはひとりの刑務所帰りの札付きの悪でしかない。一定期間刑務所に拘禁されることの負の側面を鑑みれば，できるだけその環境は社会に近いものであればあるほど，復帰するべき社会のイメージを描くことが容易になり，円滑に社会生活に戻れるはずである。

　もし，どうしても再犯防止ということばを用いなければならないのであれば，再犯防止推進法が謳う「国民が犯罪による被害を受けることを防止し，安全で安心して暮らせる社会の実現」といった社会防衛的な意味での再犯防止ではなく，再び警察や検察における厳しい取調べや裁判を含めた勾留，そしてその後の刑務所における生活といった刑事司法過程のなかに取り込ませ

ないための本人の利益を第一に考えた再犯防止を志向していくことが不可欠
となる。国民の安全・安心のために強制される〈支援〉の仮面を被った押し
つけがましい〈処遇〉では，再犯防止は刑罰と同様に苦痛でしかなく，社会
のなかで罪を犯さずに生きていくことの意味を自らが考え，自らが選択して
生きていくということは存外に困難となり，むしろ社会復帰を妨げることに
もなりかねない[23]。

　本章では，再犯防止目的が強調された更生保護法の制定を皮切りに，監視・
監督による統制機能の強化が前面に出され，対象者の生活再建のための福祉
的援助が後退させられ，改善更生よりも再犯防止が目的となり，刑事司法が
元来もっていた社会復帰支援機能がむしろ阻害されてきている現状をみてき
た。また本来的な役割の異なる刑事司法と福祉とが連携をしていくなかで，
福祉の側に「再犯をさせないことへのプレッシャー」が生じることにな
り[24]，福祉が刑事司法に絡めとられる危険性について警鐘を鳴らした。犯罪
行為者が再び社会のなかで生きていくということを考えるうえで，再犯防止
を目的として福祉のなかの議論にあげてしまうと，最も大事な本人の改善更
生という視点が抜け落ちてしまうことになりかねない。さらに〈かわいそう
な加害者〉には福祉的支援をということで，その支援の対象を高齢者・障害
者に限定する現在の方策は支援の資格化を招くことになり，その要件にあて
はまらない者を排除してもよいという風潮を生みかねない。刑罰の付与や上
からの再犯防止の押しつけは苦痛であり，苦痛による目的の達成には限界が
あるという前提のもと，自分と違う異質な他者を〈廃棄物〉として排除する
のではなく，いかなる者も同じ人間であり，わたしたちの社会の〈人財〉で
あるという認識をもつ視点が求められている[25]。

〔注〕
1）　改正刑法草案（1974年5月29日法制審議会決定）には，「第47条（行刑
　　上の処遇）刑事施設における行刑は，法令の定めるところに従い，できるだ
　　け受刑者の個性に応じて，その改善更生をはかるものとする」，「第48条（一
　　般基準）①刑は，犯人の責任に応じて量定しなければならない。②刑の適用
　　にあたつては，犯人の年齢，性格，経歴及び環境，犯罪の動機，方法，結果
　　及び社会的影響，犯罪後における犯人の態度その他の事情を考慮し，犯罪の

抑制及び犯人の改善更生に役立つことを目的としなければならない。③死刑の適用は，特に慎重でなければならない」など（傍点著者），犯罪行為者の「改善更生」に重点をおく規定の導入が議論されていた。これらの規定は，自由刑の内容を拘禁に限定しながら他方で行刑目的として改善更生を強調するという当時の議論に法律上の根拠を与えるものであったが，このことは逆に大幅な自由の剥奪を正当化する可能性が大きいということで批判の多いものであった（平場・平野編 1972）。

2） ただし，現時点においては，遵守事項違反による仮釈放や保護観察付執行猶予の取消し等が増加している事実はみられない（吉田 2014）。あくまでその視点の変化にとどまっており，保護観察の現場においては真摯な〈処遇〉が続けられていることが推測される。

3） 犯罪対策にかかわるこの種のニュースは，全国版の朝刊ではなく，主に朝刊地方版もしくは夕刊に限定した報じられ方をしていることも特徴的である。

4） 17年，16年といった類似の間隔で，刑事司法と福祉にかかわる問題が特集されていることの意味を歴史の循環性という観点からみてみることも非常に興味深い。

5） 「司法福祉」という術語を命名し提起した山口（1991：17）によれば，この領域は「国民の司法活用の権利を実質化し，司法を通じて一定の社会問題の個別的・実体的緩和・解決を追求する政策と具体的業務」と定義される。

6） そもそも犯罪者処遇は，国家の支配装置の一環として捉えられるべきものである。社会復帰は，他者によって認められ，保護された場所を世界にもっていない，世界にまったく属していない〈見棄てられた境遇〉に追いやられた〈余計者〉としての（Arendt 1951），あるいは，社会の〈余剰人口〉や〈廃棄物〉たる犯罪行為者を社会のどこに位置づけるか，という見方をすることもできる（Bauman 2000；2004）。社会にとって不要な犯罪行為者として簡単には抹殺してしまえないなかで，社会の周縁部に最もコストをかけないかたちでいかに位置づけていくか。刑事司法と福祉との関係は，どちらの名義をかりてコストのかかる厄介者をいかにコストパフォーマンスよく扱うのか，という問題と捉えなおすこともできうる。厄介者のなかでも，純粋に〈廃棄物〉に近い存在としての犯罪行為者を社会システムの進行を阻害しない程度にいかに処分するか。為政者の側からは，このような視点で構成することも可能になりそうである。

7） 竹村（1997：17）はこれを刑事司法システムにおける「処遇のトリレンマ」といい，この克服は制裁・統制による犯罪処理・犯罪者処遇という「処罰神話」「刑事司法神話」の呪縛からの解放にあるという。

8） この点，土井（2012：22）は，「非拘禁的措置の拡大が，福祉的な支援の強制や刑事処分との代替取引とならないよう，いい換えれば，『福祉の刑事司法化』を防止するために，対象者の人権保障，適正手続きの保障が実質化されなければならない」と釘をさす。

9） 他方，太田（2013：69）は，刑事政策論の立場から「福祉の方でも，本来の福祉的な支援に止まらず，そこでは何らかの再犯の防止に向けた教育的なことを行っていかなければならなくなる」と主張する。また，鷲野（2020）も，司法福祉論の立場から刑事政策におけるソーシャルワークの有効性を論じている。

10） 2014年6月28日に大阪商業大学にて開催された第6回アジア犯罪学会のテーマセッション 'Development of Forensic Social Work in Japan: Current Practice and Future Direction' における内田真利子（山口県地域生活定着支援センター主任支援員〔当時〕）による報告では，刑事司法と福祉との連携が始まった当初の福祉の現場では，刑事司法からの再犯防止のプレッシャー，監視的なかかわりを強いられることからのジレンマが生じていたことが指摘されていた。具体的には，カンファレンスで「（保護観察期間の）5年間いかに再犯しないか」ということが焦点になってしまうなどのかたちで顕在化し，再犯をおそれるあまり自動車の運転をも禁止する風潮があったということである。この内田による報告は，当事者の生活再建や権利擁護から，再犯防止という社会防衛的な色彩が強化され，再犯防止が目的となっていた当時の情況が，一時，福祉の現場レヴェルでも浸透していたという記録となりうる。

11） この点，森久（2017：758）は，「素朴に『再犯防止』のための『福祉的支援』であれば，本人のためにもなることを前提としているように思われる」と指摘する。

12） 福祉は，そもそも障害者福祉の領域における「管理」を経験しており，その意味でも司法的な側面との親和性を有しやすかったのだとみることができる。

13） 加藤幸雄（2013：214）が提示する刑事司法と福祉のアイデンティティの隔たりは，福祉をいささか実態とのかい離がある理念モデル的に捉えているきらいがある点には一定の留意が必要であろう。福祉制度そのものも決して使いやすいものにはなっていない。また，刑事司法は，その人権制約性から考えて最後の手段でなければならない。

14） しかしながら，そもそも福祉の発展の歴史が，社会防衛とは不可分のものであったことにも留意しなければならない。菊池（2012：327）は，「……矯正施設退所者等の福祉的支援への取組みに際しては，退所者の社会復帰の

ほか再犯防止を目的に掲げることによって社会的推進力が得られた面を否定できない。この再犯防止には，再犯に至らないことによる本人の福祉の向上増進という側面のほか，社会の側の秩序維持ないし社会防衛という公共の福祉の観点があることも否めないように思われる。……戦後の低所得者対策という色彩を払拭し，一定のハンディキャップをもつ人々に対するサービス給付を中心に幅広い対象者が念頭に置かれるに至った今日の社会福祉の捉え方からすれば，矯正施設退所者等の支援は特殊領域であるといえるかもしれない。しかし，振り返ってみれば，現代社会保障の前駆形態といわれる貧困法の時代，公的救済の根拠として社会防衛という側面が意識されていたことは否定できない。今日では，生存権思想の下，社会保障が権利として語られる時代となり，ごく一部の例外を除いては，社会秩序の維持に関わる公共の福祉の観点は出てこない。その意味で，矯正施設退所者等に対する福祉的支援は，今日における社会福祉ないし社会保障とは何かを改めて問い直す試金石であると言い得る」という。そして，再犯防止を目的に掲げることによって福祉的支援の社会的推進力を得た点を指摘する。加藤博史（2013：1-2）もまた，社会福祉「事業や政策の対象は，一貫して貧困にあえぐ人びとであった。……貧困と不衛生に加えて無知と孤立と過酷な生育環境とが複合して，犯罪へと追い込まれ……"福祉"の対象の核心には，『刑事施設，少年院を入出所（入退院）する人』の存在があった……。だからこそ近代の"福祉"事業の開拓者たちは，……『監獄改良』，『教誨事業』，『出獄人保護』などに従事し，『福祉の思想』を結晶化してきた」という。福祉の歴史が，社会防衛とは不可分密接に発展してきたことは，否定のしようのない事実であるといえる。

15）　一方で，福祉の領域においても伊藤冨士江（2013：232）のように，再犯防止機能のさらなる充実を強調する論者もいることには留意する必要がある。小長井（2013：ⅰ）もまた再犯リスクの管理を重視する立場にあり，司法と福祉とが接ぎ木をする場合の「台木」は司法であり「接ぎ穂」が福祉になるべきであるという。たしかに，再犯リスク管理を重視する小長井（2013）の議論は，現在の日本社会のなかでは現実的な説得力をもつものであるともいえる。しかし，対象者を犯罪リスクの高い処遇の客体としてではなく，わたしたちの社会でともに生きるひとりの生活に困窮する主体，つまり隣人であると捉えるところから〈保護〉が生まれるのではないだろうか。

16）　金澤（2012：437）は，「社会を形成し，社会の中でしか生きられぬ人の生のあり方に則して，社会との一定の関係の維持こそが対象者の社会復帰の不可欠の条件と解する観点に立脚すれば，対象者に改善を働きかけるだけの再犯予防策が必ずしも社会復帰の唯一の手段とはならない。再犯が社会復帰

の『失敗』現象と捉えることが往々にしてあるが，再犯防止と社会復帰の成功は同義ではない」と指摘する。

17) 玉木（2019：29）は，社会福祉・ソーシャルワークの立場からこの概念を「身体的に問題がなく言語自体はあるものの，生活における他者との関わりという社会的な環境要因から，自らの意向を形成したり表明したりすることが困難なため，生活のしづらさが生じている状態」であると定義している。

18) この点，飯田（2016：78；2019：52）は，「福祉制度全般に言えることだが，支援を受けられる者とそうでない者とを厳密に分け，その結果目の前で困っている者を切り捨ててしまうこと」への違和感や，「既存の福祉制度や『福祉の範疇』という『枠』に対する疑問」を表明している。

19) 伊藤康一郎（2012：90）は，理想的な被害者であることを要件とし，正当な地位を有する被害者であることが効果になると整理する。

20) ただし，伊藤康一郎（2012：92-93）は，「『理想的な被害者』は，『無辜』(innocent) の被害者である」としたうえで，「今日存在する『理想的な被害者』のステレオタイプにおいて，この集団的なイメージとして存在し……，『理想的な被害者』のステレオタイプ的なイメージにおいては，集団的な『無辜』の度合いによる格付けに，……『脆弱』の度合いによる格付けが重なり，その頂点を年齢集団としての高齢者や子ども，性集団としての女性が占める『被害者化のヒエラルキー』(hierarchy of victimization) が形成される」という。また，被害者の「無辜」と「脆弱」とは概念として異なるものであるが，「理想的な被害者」のステレオタイプにおいては，イメージとして重なり合っていると指摘している。なお，ホームレス等の集団に属することが，被害者化のヒエラルキーの位置を下げることは，その集団に結びつけられた「自らリスクある生活を選んだ者」というある種の「落ち度」として扱われている点は看過できない事実である。

21) この〈かわいそうな加害者〉を〈理想的な被害者〉の要件に照らして考えてみると，②⑤を除いて，①弱い人間であり，③存在を非難することができず，④加害行為が巨悪ではなく，さらには⑥反省の姿勢を充分に示している，といったかたちで世間が抱く加害者の役割期待に応じた要件が提示されることになるであろう。

22) たとえば，当時の法務大臣が，設置準備が進められていた「社会復帰促進センター」のネーミングについて，「ネーミングは絶対『刑務所』のほうがいい」と会見で発言し，美祢市社会復帰促進センターを視察した際には，その環境の良さに「受刑者にも人権があるからいいが，行き過ぎるとね」,「実刑判決には懲らしめの意味がなければならない。悪いことをするとつらい思いをするという方が再犯防止に意味がある」と述べて，「刑務所」と呼ぶべ

きことを強調したという報道がなされている（『朝日新聞』2007年9月8日夕刊15面）。これが時の法務大臣の発言であることに，この国の国民であることの責任を痛感せずにはいられないが，この感覚こそが，現在の日本という国の実態であるということも目を背けることのできない事実である。

23)　ここで改めて，この〈支援〉ということばの使い方について確認しておきたい。本書では，広く「相手の役に立つこと」，そして「相手にそう思ってもらえる行為」を「支援」と定義する（金井 2011：4）。そうであるとすると，支援者は，「クライエント自身に役に立っていると思ってもらえることをおこなう者」「クライエントが困ったときに助けてくれる人」となる。

24)　この点，本庄（2018：139）は，「福祉も本来の役割ではない監視を担わなければならないのか，といった葛藤を感じたり，福祉も再犯防止のために積極的な役割を果たさなければならないと考える必要はない」と断言する。至極真っ当な見解であり，全面的に同意するところであるが，現場のソーシャルワーカーにとってはそう簡単に割り切れる問題ではないことも忘れてはならない。各々が所属する機関の性質にもよると思われるが，とくに福祉領域における公的な機関としては，日本で唯一の刑事司法ソーシャルワークの専門機関であるといえる地域生活定着支援センターの相談員を例に考えれば，担当するクライエントによる再犯事例が発生することによって，その意識のなかに生じる無形のプレッシャーのようなものを抱えざるを得ないことは想像に難くないだろう。

25)　もっとも，高齢者・障害者による犯罪についても主には万引きなどの軽犯罪が対象として想定されている。これが殺人罪や強制性交罪などといった凶悪犯罪の場合はどうか。包摂的な観点から考える場合の理論の射程を明らかにしていく必要もあろう。ここには福祉的なロジックの限界も見え隠れする。包摂できる者とできない者とを二分して，後者を抹殺するのか。このような点についても議論を深めていく必要があろう。

第4章

ただ生きるための犯罪？

1 ある出所者の生活史

　これまでみてきたように，刑事司法と福祉との連携が進むなかで犯罪から
の社会復帰の概念が，再犯防止を大前提とする立場と，あくまでひとりの生
活困窮者に対する生活支援を最重要視する立場とに二分される構造がみられ
るなかで，支援を受ける出所者のおかれた情況は，いったいどのようなもの
なのか。貧困や社会的排除状態にある者が罪を犯す背景には，何らかの理由
があるのではないか。経済的な貧困や関係性の貧困，そだちの剝奪など，そ
の者がおかれた社会的な環境に要因があるのではないかといった仮説がなり
たつ。その背景を探るためには，出所者の生活史に目をやる必要がある。近
年，日本でも Maruna (2001) の翻訳の出版をはじめ，出所者の「自己の物語」
(self-narrative) をもとに，犯罪からの離脱が維持される要因を探ろうとする
研究が注目されている。

　本章においては，貧困や社会的排除をひとつの要因として罪を犯し，刑務
所等から出所したのちに何らかの福祉的な支援につながり，地域生活を営む10
名の出所者の生活史を参照する。そのうえで，貧困や社会的排除と犯罪との
関係性，さらには地域生活を可能にするためには何が重要かということにつ
いての分析をおこなう。

本章で紹介する調査対象者に対する調査期間は，2015年 3 月10日より2020年 3 月13日までのあいだであり，10名に対しインタヴュー調査をおこなった[1]。本書では，紙面の関係から主に A，B，C の 3 名の生活史について詳細に取り上げ，D，E，F，G，H，I，J の 7 名については必要に応じてその言説を紹介し，分析を加えていくことにしたい[2]。インタヴュー調査の分析には，生活史法を採用した。その意義は，各インタヴューイーの生誕から現在までの生活史をふりかえることによって，貧困・社会的排除や犯罪といったさまざまな困難に陥る多次元的なメカニズムを動態的に捉えることができ，そのプロセスと，結果としての状態との双方に関する考察が可能となることにある。

（1）A の生活史

　A は，主に窃盗罪で 5 回の逮捕経験がある。A は複雑な家庭環境に育っており，実母と実母の養父母の家，母子寮や児童相談所，実父の実家，実父の実家の離れなど，幼少期から住まいを転々としている。両親から愛情をもって育てられたという経験が乏しく，そだちを剥奪された状態にあった。両親の離婚も経験し，姉妹等との折り合いも悪く，学校でもいじめを受けて不登校となり，唯一の心の支えは，実母の養父，A にとっての祖父にあたる人物であった。

「ほんとに不満でしたね，自分のおかれてる立場とか。何のために学校行かなあかんかも，わからんかった状態で，もう，ほんとにガキやったんで。……鍵付いてたままバイクが置いてあって，それをもってってったっていう感じです。……歩道を，ずっと押してたんです。そしたら，前から警察の人が来て，止められたんです。……オヤジもオヤジで，過去にそういうことやってたっていうのがあったから，『わからんでもない』とは言われましたけど，とくに怒られたりはしなかったです」

　1 回目は少年期のバイク窃盗という非行案件であるが，当時同居していた実父から咎められることなどはなかったという。

			バイク盗 保護観察	
2～3歳	6～11歳	12歳	15歳	16歳
両親が離婚 **母と母の養父母の家**, **母子生活支援施設**を 転々とする	姉妹弟とともに **児童相談所**に	姉妹とともに実父に引きとられる ほどなく姉妹と同居の叔父と折り合いがつかず（暴行を受けることも）, 実父と姉妹とは**離れ**へ ほどなく姉妹は主屋に戻り実父2人暮らし 家業の林業・農業を手伝いながら, 不登校		高校（夜間）進学 父によるネグレクト バイトによって生計をたてることを余儀なくされる 高校の学費を含めてほぼ自活

18歳	21歳	22～24歳
半導体製造会社に派遣労働者として **住み込みの仕事** 母の養母との死別 体調不良によって退職を余儀なくされる もともと住んでいた実父の実家の離れに戻るも居住できない状態に	**実母の家**に 実母と折り合いの悪い姉妹との生活 イタリアンレストランのバイトで生計をたてるが倒産	ファーストフード店でバイト 母の養母からの借り入れもできなくなり, 消費者金融からの借金をくり返す

生活苦から賽銭泥棒 起訴猶予	米の置き引き 起訴猶予 賽銭泥棒 起訴猶予 米の置き引き 起訴猶予 懲役1年6月 執行猶予3年	
25歳	26歳	27歳
米屋でバイト 母の養母からの援助で自動車免許を取得 低賃金・長時間労働身体がもたず退職 家事に従事するも姉妹から責められ退去を強いられる 自動車工場にて**住み込み**のバイトをはじめるも半年ほどで怪我をし, 退職を余儀なくされる 姉妹との関係で実母宅には戻れず わずかな貯えで**ウィークリーマンション**へ 精機会社へ就職 逮捕が発覚し失業	逮捕・勾留中に留置所に不動産屋がやってきて**ウィークリーマンション**を解約させられる 釈放日に弁護人が出迎え, **弟の家**に	弁護人の生活環境調整・献身的な支えにより生保申請 破産手続中 **アパート暮らし**

出典：著者作成。

図4－①　Aの生活史略年表

「母親のじいちゃん，亡くなったりとかして。それで，いろいろ，通夜とかいろんなことやっとったら，もう身体バテバテになってて。で，仕事戻ったら『ちょっとおかしい』っていう状態で，病院とか行っても，『ちょっと，何が原因でそうなってるんか，わからない』って言われて。……おじいちゃんが亡くなったっていうので。ある意味，ショックとかも重なって，積み重なったのが，ちょっと体調不良になった」

それ以降は，働いていた職場の倒産，失業，病気など，収入源を断たれる出来事が重なり，家賃や食費の支払い術を失い，頼れる人もなく，生活に困窮しての犯罪が続く。Aの生活史をふりかえってみると，Aの生活面，精神面での支えとなっていた実母の養父母のうち養父との死別が，その後の人生の分岐点となっているように見受けられる。Aにとって祖父の役割を果たしていた実母の養父という頼るべき存在との死別を機に孤立感等が次第に増幅し，失業や病気によるストレスなどから生活を立てなおすことができずに犯行に及んでいると考えることができる。まさに，貧困と社会的排除とがくり返されるなかで，そこから抜け出せなくなっていったのだ。

「住んでる地域のところには，神社がいっぱいあるっていう状態やったんで。……全部，小銭を集めて500円ぐらい。多いところは，多いところもあったりとかするんですけど，大体500円ぐらいしか手に入らないっていう状態ですね。……自分が行ったところが，ほとんど施錠されてないところなんですよ。誰でも持っていけるようなところっていうのが，多くて。……1週間に1回ぐらいは行ってました。……大体1000円から2000円ぐらいになったら，あとは家へ帰って，1日1食みたいな感じで食いつないでましたね。それで3ヶ月ぐらいしたときに，逮捕されました。……さい銭泥棒と，米泥棒もしてました。交互にっていうか，やりながら，なんとか食うため，食い物を。ほとんどと言ったら，ガソリン代とか，住むお金とか，そんなんばっかりでした」

ただし犯情は，大都市郊外の鍵のかかっていない賽銭箱からの金銭の持ち去りや，これもまた鍵のかかっていない農業倉庫からの米の置き引きと決し

て凶悪とはいえないものばかりであった。生活保護等の社会保障給付にも，福祉的サーヴィスにもつながれず，かれの暮らす地方都市には一時避難所等のインフラも整っていないなど，種々の事情が重なり合って犯罪にいたったというケースである。

「はっきり言ったら，担当のケースワーカーさんしか，自分の顔を知らないわけなんです。市役所の人しか，俺の顔をわからない。支部に行こうにも，俺の顔を知らへんし。はっきり言ったら，市役所の人と会話するのが，若干，苦手なんですよ。『なんで，こんな若いのに，受けてはんの』みたいなことを突っ込まれたら嫌なので，なかなか行けないんです。やっと，先週，身分証明書を取りに行ったんですけど，やっぱり気まずかったです。そういう気まずさがなければ，行けないのかっていうような感じはありますね。住みにくいっちゃ，住みにくいんですけどもね，そういう『支援を受けてる人だ』っていうのを自覚するっていうのは。そういうのがあるから，偏見の目で見られるっていうのがあるし」

　最終的にAは，Aの献身的な刑事弁護人の支援によって生活保護につながり，病気療養をおこなうことができているが，生活保護の受給の局面でも生きづらさを抱えている。20歳代後半という若さでの生活保護の受給は，「年齢的には十分に働ける」という生活保護行政の「思い込み」によって，そのスティグマをより強いものにしている[3]。

「一時保護施設みたいな感じのものがあって，そこへ行って，住むところとかがあったら，別にそんな，さい銭泥棒とかせんでも済んだって」

　Aの場合，生活に対する何らかの支援が得られれば犯罪行為には結びつかなかったのではないだろうか。Aは献身的な刑事弁護人の支援によって刑務所にこそ収監されることはなかったが，逆にいえば，この刑事弁護人の助力がなければ窃盗をくり返すことでしか，生きていく術をみつけることはできず，他に選びうる合法的な選択肢をもたずに，ある種，最も合理的な手段として犯罪という違法行為にいたっていたのだろう。

（2） Bの生活史

　Bは少年院に2回，刑務所に2回，あわせて4回の矯正施設への入所歴がある。父親の事業の失敗を契機に，経済的な貧困に陥る。

> 「どっちかいうと，うちの父親も人がええもんだで，でも飲むと，凶暴だわ。近所ではさ，結局，飲まんときは，ものすごいええ親父で，もう朝早よう起きて，近所，掃除したりさ，そういうことを，ようやっとったわ。で，一杯飲むと，人間がころっと変わっちゃうんだで。だから，ガキのころ，割合，オレは苦労したでね」

　Bがはじめて少年院に入ったのは1958年。高度経済成長のなかで，少年犯罪の第2の波に向けてその数を増やしていった時期にあたる。父親の事業の失敗を機に経済的な貧困に陥ったBは，着る服にも，食べる物にも困る生活を余儀なくされる。

> 「家は貧乏だったしさ，着るもんなんか，つぎ当てのズボンで学校行きよった。……ほんで，家が何も作ってくれんもんだで，ボストンバッグに新聞紙詰め込んで，膨らまして，格好は悪いわ。……みんながチョコレートとかよ，……持ってってくれるんだ。それをカバン詰めて，食わんで家持って帰っとった。そういうこともあります」

　つらいながらも友人の存在もあり，学校における居場所は確保していたように見受けられた。いじめも経験したようだが，持ち前の腕力と身体能力でのりこえたようである。中学では陸上に打ち込み学校不適応にならずに済んでいる。成果を出した陸上で，スポーツ推薦による高校入学を果たすも，最初の試合で敗北し，挫折を味わう。悔しさから練習に打ち込み，次の試合で成果を出し，1年生で唯一のレギュラーに選ばれるなど順風満帆かのような高校生活がスタートするようにもみえた。

			暴行・窃盗 少年院 1年5月		暴行・窃盗 少年院 1年
9歳	11歳	15歳	16歳	17~18歳	
父親の事業失敗 引越し *一軒家→六畳一間 方言によるいじめ体験 歳上の番長と五分で闘いいじめ終焉	遠足や修学旅行に着ていく服も持っていく弁当もない	スポーツ推薦で高校入学 家計の苦しさと練習の厳しさに嫌気がさしてバイトを転々とする		少年院で出会った仲間との交流 伊勢湾台風で住居を失う →仮設住宅での生活	鍛冶屋で溶接工の見習い「やんちゃ」仲間との付き合い

		殺人未遂 刑務所 懲役7年6月
19歳	22or23歳	33歳
市営住宅に優先入居 仕事を転々とする生活	1回目の結婚 2児の父に 10年ほどの結婚生活	酔っ払って喧嘩 ビール瓶で相手の腹部を突き刺す 服役中に離婚 満期釈放

40歳	43歳	45歳	50歳
出所後も入所前の地域へ戻るお金がなく犯罪をくり返す 2回目の結婚 3年ほどの結婚生活 市場でまじめに働く	2回目の離婚のあと 脳腫瘍に しばらく母親と同居 数ヶ月間生活保護受給	日雇い仕事をしながらホテルやサウナに泊まる	母親と死別 遺産が1000万円近く入るが, ギャンブル等で数ヶ月で散財

	万引き 刑務所 懲役1年 仮釈放 更生保護施設 6月		
51歳	64歳	65歳	69歳
野宿生活 空き缶収集ほか スーパーでの万引きをくり返し, 野宿者仲間に安価で販売し生計を立てる	3000~4000円のものを盗む	野宿生活	NPOの支援者につながり生保申請 無料低額宿泊所を経て アパートに入所

出典：著者作成。

図4-②　Bの生活史略年表

「とにかく練習きつかったもんで。ほんでまた，家が貧乏だったもんだで，オレ，バイトやらんと出れんかったんで，だから豆腐屋，新聞配達，牛乳配達。それから，犬の散歩，いろいろアルバイトやったんですよ」

　しかし，部活の厳しい練習と，アルバイトとのかけもちは，Bを追いつめていった。

「何，あんなもん銭ならへんのだわ，えらいばっかでな。アホらしなってさ，わざとタバコ吸って，みつかって，そんでも2回まで，これ（クビに）ならんかった。まぁ，結局，もうその，マラソンのよ，あれなもんで，学校は名誉だもん」

　ここでBは，厳しい練習に耐えて成果を出しても，暮らしむきはいっこうに改善されず，厳しい練習とバイトとの両立に嫌気がさし，わざとタバコを吸うなどして部活を辞め，高校を退学し，非行が始まる。

「仕事やりながらさ，悪い連れと付き合ってな。……まあ，喧嘩もやったけど，泥棒もやったしさ，いろんな事件だもん。それから，15から，その20歳まで，少年院，1年5ヶ月と1年で，2年半ばっか少年院おりましたね，両方あわせてね」

　Bは少年院を出院後，実家に戻り，犯罪行為と結びつきやすい元の仲間がいたコミュニティへと戻っている。そこで非行文化を学習することになる。そこからいわゆる悪循環，貧困・社会的排除のスパイラルのなかに陥ってしまう（Sampson & Laub 1995：147）。ある意味ではその場所が，Bがこれまで生きていた，そこにいることに違和感のない居場所であるともいえる（Young 1999）。その場所を起点にその日暮らしの生活を続け，仕事も転々とする。

「22か3で結婚しまして。ええ。それから順調よういっとって，子ども2人，おかげさまで授かりまして。それから，最初の女房は10年ぐらい一緒におったか

な。うまいこといっとったけど。それからもう，またやんちゃやって，今度は
また刑務所だわ。……そうそう，離婚だわね。刑務所入っとって，刑務所であ
れだもんな。別れてくれってなって，まあ，まだその当時は若いもんだで，子
どもたちもおったけど，家はもう捨てたもんだで。……よし別れたるって。で，
今度はまた違う女と一緒になったんだけど。……今度，3年ぐらい一緒におっ
たかな」

　結婚も二度経験し，定石どおりに一時は軌道修正されるが（Sampson &
Laub 1995），その幸福は安定的に継続することはなく，結局，犯罪行為をく
り返している。

「殺人未遂。7年。で，出られて，また。結局また，新たにまじめにやっとった
けど，すぐまた，昔の悪い癖が出て，すぐ悪いことやって，またすぐ捕まるわね。
それはもう何年かなってからの話やね，それから。それからもう，今回，あれ
するまでに，今度は1年ぐらいの刑で済んで，それから保護会で半年間。仮出
所だもんでさ」

　若いころに形成されていた犯罪行為と結びつきやすい元の仲間がいたコ
ミュニティ——居場所——も構成員の高齢化にともない解体され，いよいよ
Bは帰る場所を失う。母親との死別によって，頼れる肉親をなくしたBは，
母の残した遺産もギャンブルで使い果たし，生活に困窮していく。仕事にも
就けなくなり，生活保護等も受給できずに収入源を断たれ，野宿生活にいた
る。

「2回目（の刑務所）は1年ちょっとだったね。万引きやっててさ。万引きで捕まっ
て。2回目のときなんかさ，家がありゃあさ，んなもん，裁判かけんいうた。
たいした事件やないし，3000円か4000円の品もんだでさ。それも結局，弁償
したでね。弁償いうことないけど，品物はみな，使えるもんあるが，たとえば，
袋に入ったもんとか，あぁいうものは，まだあれだけど，その弁当とか，あぁ
いうもんはみな，あかんけど。……こんなこと，あれしたって，家がない，金

ないでって，また悪いことせな食ってけんいうことで，検事が裁判かけるいう
て。ええ検事だったよね。まぁふつうだったら，こんなもんお前，……検察庁
でぱーんと出される。オレの場合は，家がないもんだで，行くとこないもんで。
……ホームレスやっとって，こんな，飯も食えへんが。『こんなんだったら，悪
いことやって，刑務所行ったほうがよっぽどええ』と思ったんがある。寝ると
こは，ちゃんとあるし。3食は，絶対食わしてくれるし」

　こうして常習的に万引きをおこない，その商品を野宿仲間に販売して生計
を立てるという生活につながっていくのである。B本人は，被害も少額であ
り，実刑になることはないと考えたようであるが思いがけず実刑となってい
る。だが，住む場所がなかったこともあり，そのことをある種好意的に受け
とめているようであった。

「(保護会を出てからは，)結局もう，行くとこないもんだで，またホームレスの。
出てすぐ。……結局，ホームレスやるいうことは，結局，仕事もない。それから，
その何，金はないもんだで，どうしても悪いことなっちゃうわね，これ当然。
ほんで，ホームレスになるんだけど」

　2回目の刑務所を出所後には更生保護施設を経由しているが，そのことが
安定した住まいの確保や犯罪からの離脱にはつながっていない。そして，更
生保護施設出所後にもまた，Bは野宿生活せざるを得ない状況に追い込まれ
る。行き着くところは〈廃棄された生〉とでもいうべき惨状である（Bauman
2005）。程度の差こそあれBにとっては，刑務所も更生保護施設も，おそら
くは厳格な規律のある現場（職場）も同じような感覚で捉えているむきがあ
る。理解できていなくても相手の顔色をうかがいながら，何となく同意して
しまうというような傾向もみられる[4]。刑務所に収監されていることの意
味，すなわち刑罰の意味，更生保護施設に入所する意味を受け入れることが
できなかったのであろう。

「(役所の人にNPO等が管理しているのではないアパートを探せといわれるが)

『探したってあれへんわ』いうて，そんなわしらが。貸してくれんだもん，70過
ぎると。なかなかないよ。……たとえばこの，アパート借りたら，今でも目一
杯のお金でやっとんのにさ，今度，借りたらさ，もう家賃も高なる。結局もう
たえられもせん」

　Bはその後，野宿者支援のNPO法人とつながり，生活保護等をはじめと
する社会保障給付や福祉サーヴィスを得ながら居宅での安定した生活を手に
入れることになる。日々の生活のなかでおそらくは最も高額な家賃をいかに
捻出するかということが家計管理のなかでは重要な問題となっている。家賃
を工面することができなくなれば，野宿生活をするほかないわけであるし，
食べることができなくなれば，Bの語りにあるところの〈悪いこと〉をしな
ければ生きることができなくなる。そして，罪を犯すことがかれの生活の一
部になっていく。安定した住まい，収入がなければ，生きていくために罪を
犯さざるを得ない状況に陥り，やがてそれが〈ふつう〉の生活へとなってし
まうのだ。

（3）　Cの生活史

　Cは，約20年間で9回の服役経験がある。出所後，2日から長くても数ヶ
月で再犯をくり返していた。幼少期から誰かに大切に愛情をもって育てられ
たという実感をもてずに，中学卒業後は自動車の整備工や左官屋などの職を
転々とする。

「整備工をやってたときに，先輩が車でシンナーよう吸ってたんで，それ，自分
がみつけて。先輩に誘われて，それでずっとやってました。……その整備工の
板金やっとるとこにシンナーがあって，やっとった」

　最初にシンナーを覚えたのは，はじめて勤めた自動車整備工場だったとい
う。その後，職は転々と変わっていくが，シンナーの常習は続いていく。成
人後は，父と兄とが出稼ぎに行っていた都市部でとび職に就く。31歳を過ぎ
たころ，北海道の実家に帰省中に，シンナーを吸引しているところを警察に

0歳〜	16〜19歳	20歳〜
5人兄弟の末っ子として生まれる	中学校卒業後，自動車整備工場に就職 シンナーの使用依存開始 左官屋などの日雇い仕事を転々とする	父と兄のいた都市部にとび職として出稼ぎ土木関係の日雇い仕事を転々とする お盆や正月には実家に帰省

毒物及び劇物取締法違反・暴行・傷害・窃盗・強盗 をくり返す					
31〜33歳	33〜34歳	34〜36歳	36〜37歳	37歳〜39歳	39〜44歳
実家のある北海道に帰省した際に毒物及び劇物取締法違反にて現行犯逮捕 有罪判決を経て **V少年刑務所へ** 仮釈放に 以降，2日〜1ヶ月すこしの間に再犯をくり返す 傷害や窃盗，強盗等の罪名がつくことも	W刑務所	W刑務所	W刑務所	W刑務所	**W刑務所** 入所中に両親が逝去 兄弟とは音信不通 出所後，わずかな作業報奨金をもとに都市部に

毒物及び劇物取締法違反・暴行・傷害・窃盗・強盗 をくり返す				
44〜45歳	45〜47歳	47〜48歳	48〜50歳	50歳
X刑務所 はじめて更生保護施設への入所を勧められるが，出所日が土曜日にあたり，生き場所がなく，北海道に戻りわずか2日の間に再犯におよぶ	**Y刑務所** 両親の逝去を契機に帰る家がなくなる 再び父兄とともに働いた思い出のある都市部に	Z刑務所	**Z刑務所** 本人の強い希望によって，地域生活定着支援センターの支援によってNPO法人につながる	シンナー服用の後遺症治療のための精神病院への入院を経て，NPO法人の**グループホーム**にて生活

出典：著者作成。

図4－③　Cの生活史略年表

現行犯逮捕され，はじめて V 少年刑務所に収監される[5]。

　「もう生活できないし，お金もなかったし。仕事できないのは，32〜33ぐらいじゃ
　ない。それからは，ずっと刑務所ばっかり。出てきても，（日雇いとかの）仕事
　はできるけど，いうたら安定した仕事には就けなくて，ずっと仕事をするって
　いうのがなかなか難しかった。……（W 刑務所での）最後の 5 年つとめてると
　きに，親が 2 人とも死んじゃったんで。それからは，もう出たり入ったり，出
　たり入ったり。……どうして（生活をすれば）いいかわからんから，むしゃくしゃ
　して喧嘩したり，盗みをしたりした。……傷害，喧嘩売ったりとか，強盗にか
　かわったりとかっていう話のくり返しだった」

　これ以降，出所後，2 日から 1 ヶ月という間隔で，逮捕・収監がくり返さ
れるという負のスパイラルに陥っていく。金銭管理をはじめとした生活スキ
ルが低いうえに，生活保護等の存在も知らず，福祉サーヴィスにつながった
経験も有していなかった[6]。

　「X 刑務所出所したときに，『生活保護をどうのこうの』って言われたんで，そっ
　ちのほうをやってみようかと。土曜日に出所しちゃったんで，土日休みじゃな
　いですか。だから，『これは困ったな』と思って，またそれでイライラ，やっちゃっ
　たのが，また刑務所帰って。出てすぐ戻る。もう，帰るとこがないんで」

　X 刑務所を出所時に，刑務官からはじめて生活保護の存在を教えられ，申
請を試みるが，運悪く出所日が土曜日であり，福祉事務所が閉まっていたと
いう経験もしている。

　「（作業報奨金は）あったんですけど，懲罰ばっかり引っかかってたんで，ほん
　とに少なかったですね。1 万円あるかないかです。……刑務所のなかでやった
　ことで，（出所してから）役立つような作業はない。……基本的には，全部もう
　満期で出る。仮釈になったのが，一番最初の V 少年刑務所です。そのときは，
　まだ親が，おふくろが居たから，引受人がいて。……両親が亡くなっちゃったっ

ていうのが，生活するうえでは大きかったですね。家建てたんですけど，うちのおふくろが死ぬ前に借金つくっちゃって，100万か200万ぐらいあと払えば，自分のものになったんですけど。兄貴が処分しちゃったんです。借金はなくなったけど，お家もなくなった。……4人いる兄弟とは，かかわりもうない。全然，連絡もしてないし，手紙も出してないし，連絡もしてないし。どこにいるのか場所は，薄々はわかりますけど。もう話もしてないし，電話もしてないし」

1回の受刑期間が長くて3年弱と短いうえに，懲罰の対象になることが多かったということで，作業報奨金も多くて1万円弱ということであった。両親の死後は，兄弟との連絡も絶たれ，頼るべき人もいなくなっていた。

「言い方が変ですけど，『刑務所しか，もう行くとこないから』っていうので，逆に戻りたいから，喧嘩したみたいな。戻りたいっていうか，自分ではどうしていいかわからなくて，帰るとこがなかったので，『しょうがねえな』と思って。『殴ったら，戻れるかな』みたいな気持ちもあった」

McArthur（1974：1）は，「釈放された犯罪者は，釈放とともに，ほぼ失敗が保証されている状況に直面する」と指摘する。刑務所での生活が長くなればなるほど，何の縛りもない出所後の生活が不安になり，犯罪行為にいたっている。そして，最終的には衣食住が安定して供給される刑務所という居場所を求めて犯罪行為をくり返していたわけである。罪を犯せば入所することができて，3食がもれなく提供される。Cにとって刑務所は，いささか息苦しくはあるが生きていくには困らないそういう場所にすぎなかったのであろう。

2　犯罪の要因としての貧困・社会的排除，結果としての貧困・社会的排除

本章で紹介する10名の対象者のほか，著者は，参与観察先の大阪府地域生

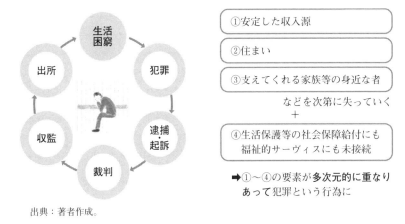

出典：著者作成。

図4-④　貧困・社会的排除のスパイラル

活定着支援センターにおいて，およそ2年間において通算13名の受刑者／出所者の特別調整ケースを担当し，他の多くのケースにもふれる機会を得ている[7]。その多くは，高齢，障害，生活困窮といった諸問題を重複して抱えており，本来は〈自由〉なはずの地域社会において〈不自由〉さを感じ，刑務所での生活に過剰に適用している様子やそれぞれの生活史を聴取することができている[8]。これらの経験も含め，本調査の対象者に共通することは，安定した収入源，住まい，支えてくれる家族等の身近な者などを次第に失っていくことにある。生活保護等の社会保障給付にも，福祉的サーヴィスにもつながっていないということも同様である。そしてそのことが多次元的に重なりあって犯罪という行為に結びついていると考えられる（図4-④）。まさに「新しい貧困」としての様相を呈しているのだ（Bauman 1998）。

　また，住まいの喪失は，家族や地域のコミュニティなど，他者との関係性の喪失の象徴としてみることができよう。刑務所等への入所前の居住の困窮をはじめとする貧困・社会的排除状態は出所後にもそのまま，ないしはより強化されたかたちで引き継がれている。刑務所等への入所経験というのは，犯罪要因としてよりも，犯罪の結果としての貧困・社会的排除により結びつきやすい。こうして次第に犯罪行為へと追い込まれていくプロセスがみてと

れる。収入源が断たれ，住まいを失い，周囲から支えがなく，経済的な貧困に陥り，生活に困窮し，社会的に排除され，犯罪へとつながっていく多次元的なメカニズムがある[9]。収入や住まい，人間関係などの喪失といったことのそれぞれが必要条件とはなっているが，いずれも犯罪の要因としての十分条件とはなっていない。

　ここで改めて社会的排除という概念は，貧困に影響を及ぼすメインストリームの社会的制度やシステムからの排除を指す「関係性の貧困」と，その結果貧困に結びついていく「プロセスとしての貧困」とに分けられる（全2015：21-22）。犯罪との関連で考えると，個人や集団・地域の人間関係だけではなく，諸制度への参加の欠如をその発生要因とみなす必要が生じる。人の犯罪性向の習得過程など，犯罪発生に対して，多角的・総合的に接近しなければならない（津島 2010：10）。Bの事案では，前3犯は関係性の貧困が引き金に，最後の万引き事犯はそれに絶対的貧困が加わった結果であるといえよう。このようにみてみると，貧困を契機とした社会的排除状態による生活の困窮は，犯罪の要因のみならず，結果にもなりうるという実態が浮かびあがってくる。

3　再犯防止で再犯を減らすことはできない

　Maruna（2001）は，犯罪からの離脱を継続している人びとの特徴を，①犯罪行為をしていたころの自分をふりかえり，そのなかにポジティヴな要素を見出し，②自分の人生にポジティヴな見通しをもっており，自分の過ちがより強い自分をつくりだすという認識をもち，③新たな役割を見出し，コミュニティ等への感謝の気持ち等を有するなかで犯罪行為をしていたころとは異なる自分なりの成功の定義を見出していると指摘する。今回，インタヴュー調査をおこなったなかで，この傾向を示していたのは，DとEとHの三人である。三人とも2008年10月に開庁した官民共同刑務所である島根あさひ社会復帰促進センターを出所しており，従来型の刑務所とは異なる矯正教育を受けている[10]。とくにEは，治療教育プログラムを受講しており，

Maruna が指摘する犯罪からの離脱の特性が非常に強くみられた。一方，通常の矯正教育を受けてきたのこるB, C, F, Gについては，「はっきりいって，けど，俺もいやらしいんだよな。……とんでもないこと，いまさら思い出さんことを」というBの発言にも代表されるように，この傾向はみられなかった。この傾向は，刑務所等で受けてきた矯正教育の内容や，そこで出会った人びとによってつくられる環境によって大きく左右されると考えられる[11]。

たしかに，Maruna が指摘するように，過去の自分と向き合い，ポジティヴに新たな役割をみつけて生きていくことが，犯罪からの離脱に向けての理想的なかたちであるように捉えることは可能である。しかしながら，近年，再犯防止が声高に叫ばれれば叫ばれるほどに，〈理想的な出所者〉とでもいうべき，社会復帰の輝かしい語り手たちが注目を集めている（掛川 2016b：75）[12]。社会が，犯罪からの離脱のあるべき姿として，すべての出所者に〈理想的な出所者〉であることを求めることは，逆に大きなストレスを与えてしまうことにもなりかねない。もちろん，ロールモデルとしての出所者の存在は，多くの受刑者や出所者にとって必要であろう。だがしかし，当然ながらすべての出所者がこの〈理想的な出所者〉を目指さなければならないわけではないはずである。必ずしも，人びとが思い描く，絵に描いたような反省の姿を見せる必要はないだろう。出所者，とくに受刑をくり返す累犯者が「犯罪と関わりのない生活を送ることに対する前向きな意欲や自信，肯定的な自己イメージ，周囲の支え等が得られにくい状況」にあることに照らせば（法務総合研究所 2019：4-35），同じ過ちをくり返さないために，まずは，その人なりに，過去の消せない事実と向き合っていくことができればそれでいいはずである。現に，Bも再犯にいたることなく平穏に10年近くの年月を伴走者の支援を受けながらもすごしている。「（その人にとっての）ふつうの場所での，ふつうの暮らし」を実現し，ひっそりと社会に戻る，という社会復帰のかたちがあってもいいのではないだろうか。

前章までに検討してきたように，犯罪からの社会復帰は，決して再犯をしない状態にある，ということだけにはとどまらないはずである。では，「社会復帰とは何か」という問いに，Dは以下のように応えた。

「まず社会復帰したら，冠婚葬祭とか，一般的なお付き合いとか，一般的な動きができればいいけど……次女がこの前，結婚して子ども生まれたんだけど，結婚式，出れなかったから。……３人目の娘のときには結婚式に出たいなって，これもひとつは自分が社会復帰したときの描いてるビジョンかもしれない。そういうことは，したいなって思う」

　Ｄは，社会復帰の内実として，冠婚葬祭などの社会対外的な行事への出席を挙げた。他方Ｂは，同じ問いに以下のように応えた。

「そんなもんわかりゃせん。刑務所は自由がきかんからもう行きたくない。今の生活が続けられればええもんだで，もう悪いことはせん」[13]

　そもそも，犯罪という行為が，ただ生きていくために最も合理的な手段となっている——犯罪行為が身体化している——人たちに，一度や二度，福祉的な支援がなされたとしても，それで急に今までの生活サイクルから抜け出すことは難しいだろう。多くの事案について，福祉の力だけでは，再犯は防げない，と考えたほうがよい。もちろん，軽微な財産犯等，罪種は何でもいいというわけにはいかない。だが，基本的には，たとえ何度再犯したとしても，見放さずに伴走し続けること，よりそい続けることによって，その人が大切にされている，ここに存在していいのだと実感できたときにはじめて，犯罪行為から離脱できるのではないだろうか。いかに出所者の社会復帰に，福祉的な支援が重要であるということがわかったとしても，それを支える財政的な基盤，支援者，その支援者をとりまく地域の理解等がなければなりたたない。クリスティ（2011）は，犯罪は，わたしたちふつうの人がふつうではない状態においておこなうものであるという。そして，犯罪や犯罪者は，わたしたちがそう定義づけているだけであり，犯罪者という固有の存在がいるわけではなく，わたしたちがいつそちら側にいってもおかしくはない相互互換性のある存在であることを強調する。そのうえで，刑罰の本質は犯罪者をつくりだして苦痛を与えることであり，刑法は苦痛を与えるための法律であるという（Christie 1981）。何が犯罪であるかは，時代によって移り変わる

ものであるが，その犯罪とされる行為に対する制裁が犯罪者といわれる人びとにとって苦痛であることは，おそらくはいつの時代も変わらないことなのであろう[14]。

　わたしたちは，わたしたちが属する社会——地域——は，刑罰という苦痛を味わってきた出所者たちとどのように向き合っていけばよいのだろうか。刑務所等を出所したのちでさえも，かれらはその苦痛をかたちを変えて味わい続けなくてはならないのだろうか。なぜ，罪を犯さざるを得なかったのか。貧困や社会的排除といったことが犯罪の要因や結果として考えられる時代においてはなお，罪を犯した本人はもちろん，かれらの救いを求める声なき声に気がつくことのできなかったわたしたちもその意味を問うていかなければならない。そうして，出所者の，さらには貧困や社会的排除に起因する生活の困窮ゆえに罪を犯さざるを得ない情況に追い込まれようとしている人びとに求められる生活がいかにすれば再建できるかということに目を向けていく必要がある。そうすることによって，結果的に，再犯あるいは犯罪の予防ができるということが本章の導き出したひとつの答えである。

　本章では，生活史を手がかりに，貧困・社会的排除のスパイラルに陥る出所者たちの現状をみていくことで，かれらに必要なのは犯罪者に対する〈処遇〉ではなく生活困窮者に対する〈支援〉である，ということを確認してきた。このことは第Ⅰ部において掲げてきたテーマにも合致するところである。第Ⅱ部では，このことを前提に，出所者の地域生活支援のなかでもとくに「住まい」のもつ役割に着目して，その支援の重要性について考えていくことにしたい。

〔注〕
1） 本調査の対象者の概略は以下のとおりである。出所からの経過年数によっても，その考え方はそれぞれに違ってくると考えられる。

調査対象者	罪　名	刑務所等への入所経験	刑務所への入所度数	出所後経過年数	年齢	調査時の住まい	調査日
A	窃盗罪 占有離脱物横領罪	拘置所	0	―	28	アパート	2015年 5 月 9 日
B	暴行罪・傷害罪 殺人未遂罪 窃盗罪	拘置所 少年院 刑務所	2 （＋少年院 2 ）	4 年未満	70	アパート	2015年 3 月10日 2015年 8 月10日
C	毒物・劇物取締法違反 暴行罪・傷害罪 窃盗罪・強盗罪	拘置所 少年刑務所 刑務所	10	1 年未満	50	グループホーム	2015年 7 月14日
D	覚せい剤取締法違反	拘置所 刑務所	1	4 年未満	57	アパート	2017年 6 月10日 2017年 9 月 9 日
E	強盗致傷未遂罪	拘置所 刑務所	1	1 年未満	67	アパート	2015年 5 月 8 日
F	強盗罪	拘置所 刑務所	9	1 年未満	51	アパート	2015年 8 月 7 日
G	住居侵入罪 窃盗罪	拘置所 刑務所	6	1 年未満	60	グループホーム	2016年 1 月 8 日
H	傷害罪 銃刀法違反	拘置所 刑務所	1	3 ヶ月未満	40	アパート	2019年 9 月27日
I	窃盗罪	拘置所 刑務所	3	3 年未満	45	アパート	2019年12月 6 日
J	窃盗罪 詐欺罪	拘置所 刑務所	8	1 年未満	52	アパート	2020年 1 月17日 2020年 3 月13日

2） これらの調査は，A以外についてはそれぞれ現在かれらの支援にあたっている野宿者支援のNPO法人のスタッフに，Aについてはかれの当時の刑事弁護人にコーディネートを依頼し，各当事者の同意を得たうえで実施した。

3） 生活保護受給者に対するスティグマについては，坏（2010）を参照されたい。

4） これは「未理解同調性」といわれるものであるが，ソーシャルワーカーには，このわからなさを見抜いて付き合うことが求めらる（岩橋 2015：140）。たとえ，知的に課題があったとしても「適切な支援や情報が用意されれば，どうしたいのか，どういうことを支援してほしいのかを表現し，実行することは」ある程度まではできるはずである（寺本 2008a：162）。「経験がなかったり知らないから，わからないだけということ」もある。その後に，「本人に判断を求めるより先に，いろんな経験を一緒にして」みる。そうしていくうちに「『どうしたい』までは言えなくても『これは嫌』は言え」るようになったりもするものである（寺本 2015：55）。

5） 通常，少年刑務所に収容されるのは，26歳未満とされている。そのため，この部分のCの語りには，年齢的な記憶違いがあるのかもしれない。ただ

し，例外もあるため，その真偽は定かではない。

6） Jもまた「生活保護っていう制度を全然知らなかった」といい，Iもまた「生活保護を受けてからは，窃盗はやってない，そういうのはやってない」「窃盗やらなあかんっていう気持ちもまったくない」と語っている。

7） この調査は，2018年5月2日より現在も継続しておこなっている。

8） 本章で紹介したケースは，Aを除いて，自らNPO法人等に支援を求めてたずねているため，支援を受けることへのモチベーションがある程度明確になっているが，特別調整などのかたちで支援につながった人は，その動機づけが明確になっていないケースも少なくない。

9） 犯罪行為者の多くは「住まい，教育と雇用，健康，薬物・アルコール濫用，家計，態度と思考，家族問題」の問題のいくつかを複合的に有し，それが再犯リスク要因を形成しているという研究がある (Social Exclusion Unit 2002)。それにもかかわらず，それぞれに対応する公共サーヴィスへアクセスしていないことが実証研究により明らかになり，社会資源を活用して犯罪行為者を地域社会に包摂していくことで再犯リスクを軽減するという試みがイギリスでは始められている。小長井（2013:105）はその趣旨を「生活自立支援」（＝住まい，健康，物質依存，家計，態度と思考，家族問題の解消のための支援）と「就労支援」（教育訓練と雇用の支援）の両面から社会に包摂していくことにあるという。

10） この治療教育プログラムの実践については，藤岡（2014），藤岡編著（2019）が詳しい。

11） Hは「社会の人たちが，ボクらとか刑務所っていう施設に対して，何を求めてるのかっていったら，多分，更生してほしいっていうことを求めてると思うんですけど，実際，なかに入って受刑してると，あまりそういう姿勢ってみられないんです，処遇から」と刑務所の処遇のあり方そのものに疑問を呈している。

12） Lofland（1969：283）は，「姿を変えた逸脱者は，単に道徳的になるのではなく，超道徳的になる」という。さらに，Irwin（1980：94）は，「恥じることなく誇りをもって」表明することに意味を見出している。

13） このように自分の利益を優先させるものが犯罪からの離脱の理由としては一般的であるといわれている(West 1983)。さらに，刑務所の何が厳しかったかと問うと，受刑者同士の人間関係に加えて，たいてい「刑務官のぞんざいな言葉遣い」や「刑務官の態度」という答えが返ってくる。近年，行き詰った人びとのあいだに，新鮮な会話の空間を生みだすための方法として注目を集めはじめているのがリフレクティングである。この手法を用いることによって，「話し手が，より伸び伸びと話しやすくなるばかりでなく，聞き手

も気負わず，安心して聞くことできるようになり」，刑務所の雰囲気がよく
なるという効果が報告されている（矢原 2019：5）。「改善更生の基根とも
言える『人間になる』ことは，そうした会話が安心してできる場と，そこで
の言葉を丁寧に受けとめ，自身もそこで『人間になる』ような聞き手があり
続けることで実現する」（矢原 2017：64）。この「聴く」と「話す」とを分
けることは存外に難しいが，この「聴く」ことを徹底し，クライエントとと
もに考えるということはソーシャルワークの基本ともつながっている。

14）　にもかかわらず，社会における生活よりも刑務所における生活のほうを
選択することがあるという日本社会のあり方には生きづらさを感じずにはい
られない。

地域で支える住まいと暮らし

第5章

地域のなかに生活の拠点を構える

1　生活の基盤としての「住まい」

　人間が社会生活を営むための基盤をあらわすものとして、「衣食住」ということばがしばしば用いられる。着る物、食べる物、そして住まう場所が確保されてはじめて社会生活が成立するということだ。すべての人間が生まれながらにして基本的人権を有しているということを謳った世界人権宣言を基礎として、これを条約化した経済的、社会的及び文化的権利に関する国際規約（A規約）にも「住居」の重要性が明文化されている[1]。にもかかわらず、日本の社会（福祉）政策では、出所者の支援をはじめとする刑事（司法）政策的な問題が埒外におかれていたのと同様に、住まいが福祉の基礎であり、住宅の供給がその一環にあるという考え方もまた乏しかった。近年勃興した地域福祉の展開においてもなお、住宅や住環境を含めて考える意識はいまだに希薄である（武川 2011：9）。しかし、早川（1997：227）が指摘するように「安全に安心して住むということは、地域福祉をふくめてより本質的・根源的」な問題であるはずである。

　もっとも、ただハードとしての「住宅」が確保されていればそれでいいというわけではない。まずは居住福祉資源を据え、そのうえにハードとしての住宅、生活環境、コミュニティが整えられ、さらに保健、医療、福祉などの

社会サーヴィスが供給される仕組みがあり，社会保険や公的扶助などの社会保障制度が構築されていなければならない（早川 2009：124）。いくら社会サーヴィスが充実していたとしても，そもそもの居住福祉資源が不安定な状況にあると，その効果は限られたものになってしまうことになる（武川 2011：13）。要するに，地域のコミュニティをも射程に入れた「住まう」場所は社会生活の基盤となっているということである[2]。

　むろん，本書が対象とする犯罪からの社会復帰を考えるにあたっても，この「住まい」の確保の重要性は例外ではない[3]。Veysey（2015：60-61）は，犯罪歴をもつ者のアイデンティティの転換プロセスの必要条件として「衣食住などの基本的な欲求が満たされていること，そして身体的にも情緒的にも安全であること」を挙げる（図5－①）。なるほど，生きていくことにほとんどの時間と労力とを割かなければならない状態では，〈犯罪者〉としてのある種ネガティヴな状態から脱することを志向することすらできないということである。つまり，身の安全を保てる住まいの確保は，犯罪からの離脱へ向けた必要条件になっているといえよう。また，法務総合研究所（2019：32）によれば，「周囲の人との親和的・情緒的な関係が，犯罪から距離を置き，安定した社会生活を維持することにつながる重要な要素の一つであることが示唆」され，過去に犯罪とかかわりなく生活できた理由として，「周囲との良好な対人関係」が挙げられていることからみても，周囲との対人関係は，犯罪からの離脱に大きく影響すると考えられている。とくに初入者は，犯罪とかかわりのない生活をおくるうえでの資源をより多く有している者が多く，「①経済的余裕，身体・精神面の健康など，安定的な社会生活を支える最低限の基盤が整っていたこと，②反社会的な交友関係がなかったこと，③日常生活における充実感や楽しみにつながるものを持っていたこと」が特徴的として浮かびあがっている。再入者においても，長期にわたって犯罪から離脱していた期間のある者のほうが，「①反社会的な交友関係がなかったこと，②就労を継続していたこと，③日常生活における充実感や楽しみにつながるものを持っていたこと」が示されている。これに対し，再入者，とりわけ短期間のうちに犯罪をくり返している者は，「こうした資源を十分に持っていないことが示唆」され，「犯罪と関わりのない生活を送るうえで役に立

出典：Veysey（2015：60-61）；のぞみの園（2017：15）。

図5-①　犯罪歴等を有する者のアイデンティティの転換プロセス

つ資源は，日常生活を安定的に維持するための支えとなるだけでなく，困難に直面した際の安全弁としても機能し得る」ことが示唆されている（法務総合研究所 2019：33）。

　他方，しばしば刑務所は，全制的施設であると位置づけられる（Goffman 1961）。すなわち，刑務所における生活のすべての側面は，同一の場所および同一かつ単一の権威のもとにおこなわれることになる。そして，受刑者の日常生活のあらゆる側面は，多数の受刑者からなる緊密な集団のなかで遂行され，すべては画一的に取り扱われ，同じことを一緒におこなうように要求される。朝起きてから，夜寝るまでのすべての行動が厳重にスケジュールに組み込まれ，何をするにも刑務官におうかがいを立てることが求められる。刑務所にいる期間が長ければ長いほど，受刑者の精神と身体とを規格化し，受刑者として求められるふるまいを身体化してしまうことになる。受刑者が発するたいていの希望や要望は認められず，「どうせ言ってもわかってもらえないだろう」とあきらめることを否応なく身体で覚え込まされる空間でもある。とどのつまり，刑務所とは，雨露は凌げ，食べることにもやることにも困らないが，外部との接触をいっさい断って「自分で考え，自分で決める」という人間の基本的な営みを徹底的に否定し，労働に適した従順な主体をつくる拘禁施設なのだ。このことが刑務所における生活が，「自由もないが不自由もない」と称されるゆえんでもある[4]。全行動の一挙手一投足を決めら

れた規律化社会のなかでの生活を強いられる刑務所（フーコー 1977）。こう
した規律・訓練の場としての刑務所から出所するということは，自らが考え
て行動をすることはほとんどなく，自由にお金を使うこともできない生活か
ら，いわば突然に，あらゆる行動について自分で決断をしなければならない
生活へと転換させられることになるのである。このように，自分で1日の行
動計画を立てることもなければ，お金を使って買い物をすることもない刑務
所での拘禁生活に過剰に適応することで，受刑者の多くは，金銭管理もでき
なければ，そもそも自分で考えることが苦痛になっていく。自らの希望や要
望さえもなくなってしまうことも珍しくない。そうして，もともと社会生活
に馴染まなかった人びとがより適応できないかたちで出所してくることにな
るのだ。皮肉なことではあるが，本書の対象とする貧困・社会的排除状態に
ある，福祉的支援を必要とする出所者に対してこの転換は，出所後の日常生
活を平穏に営むための小さくない障壁となって立ちはだかり，時に意思決定
に支援が必要となることも少なくない[5]。

　また，出所当事者にとっては，生活が安定していくことが，これまで矯正
施設への入所をくり返すような生活をしていた者にとっては逆に不安感を生
むことさえあるということもわかってきた。とすれば，貧困・社会的排除状
態にある出所者の住まいの支援をおこなうということは，ハード面としての
住環境を提供するだけでは足りず，同時に必要に応じてソフト面としての生
活支援をセットでおこなうことが求められる[6]。そのことがひいては，犯罪
からの離脱のためのアイデンティティの転換の支援をおこなうということに
つながっていくのである。もちろん，ハウジングファーストで施設収容では
なく，居宅における生活をおくれるように支援をおこなうことが原則的には
好ましいとは考えるが，現在の日本の情況から考えれば，すべての福祉的な
支援が必要な出所者に対して一足飛びにおこなうことは容易ではないと考え
られる[7]。

2　地域生活を支えるための4つのステージ

　それでは，このような課題を抱える出所者に対する居住支援は，どのよう
に展開されていくべきなのであろうか。出所者の居住支援については，議論
の蓄積がほとんどない。そのため，ここでは居住困窮層への支援における蓄
積のある野宿者支援の諸研究を参照しながら，出所者支援における居住支援
のあり方を検討したい[8]。水内（2010：9）は，野宿者支援を①野宿回避支
援ステージ，②応急支援ステージ，③中間施設ステージ，④居住福祉ステー
ジ，という4段階に整理している[9]。

　水内（2010）の分類を参照しながら出所者の居住支援にあてはめてみると，
理論的には少し違ったかたちで4段階に分けることができると考えられる
（図5－②）。最も大きな特徴は，「①野宿回避ステージ」を「⓪出所前支援
ステージ」へと読み替えることにある。また，刑務所において他者とのコミュ
ニケーションを禁じられ，「自分で考え，自分で決める」能力を奪われてき
た出所者には，一定の見守り体制のなかでの〈自由な〉生活へのならし期間
が必要となる場合もあると考えられる。

（1）　第1ステージ：⓪出所前支援ステージ

　出所者支援の場合，刑務所等に配置されている福祉専門官や社会福祉士等
を通じて，刑務所等を出所する前の段階，入所中に野宿を回避するための生
活環境調整を開始するのが理想的であろう[10]。よって，出所者支援において
はまず，刑務所等への入所中からの「⓪出所前支援ステージ」が設定される
ことになる。ここでは，支援者が刑務所等まで受刑者への面会に出向き，受
刑者の出所後の意向の確認，医療・福祉サーヴィスの必要性の確認などをお
こなうことが求められる。そのためには，支援対象者が刑務所等に入所して
いる段階からコンタクトをとっておく必要がある。このことを可能にするた
めには，支援対象者自身が外部の支援者を探し出し，手紙等を送って支援を
要請するか[11]，刑務所等の福祉専門官や社会福祉士等をつうじて外部の支援

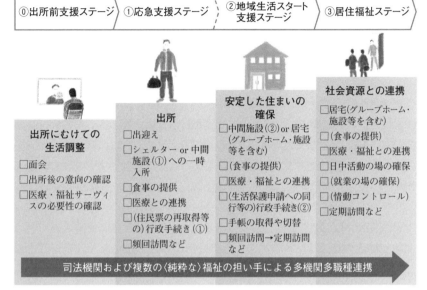

⓪出所前支援ステージ	①応急支援ステージ	②地域生活スタート支援ステージ	③居住福祉ステージ

出所にむけての生活調整
□面会
□出所後の意向の確認
□医療・福祉サーヴィスの必要性の確認

出所
□出迎え
□シェルター or 中間施設(①)への一時入所
□食事の提供
□医療との連携
□(住民票の再取得等の)行政手続き(①)
□頻回訪問など

安定した住まいの確保
□中間施設(②)or 居宅(グループホーム・施設等を含む)
□(食事の提供)
□医療・福祉との連携
□(生活保護申請への同行等の)行政手続き(②)
□手帳の取得や切替
□頻回訪問→定期訪問など

社会資源との連携
□居宅(グループホーム・施設等を含む)
□(食事の提供)
□医療・福祉との連携
□日中活動の場の確保
□(就業の場の確保)
□(情動コントロール)
□定期訪問など

司法機関および複数の〈純粋な〉福祉の担い手による多機関多職種連携

出典：著者作成。

図5－②　出所者に対する居住支援の4ステージ

者にコンタクトをとっておく必要が生じる。

（2）　第2ステージ：①応急支援ステージ

次に「①応急支援ステージ」として，出所直後の支援を開始することになる。何よりも重要なことは，出所当日の対応にある（掛川 2017a：37-38）。その第一歩は，刑務所への出迎えである[12]。貧困・社会的排除状態にある出所者にとってこの出迎えは，その孤立感を軽減するために大きな役割を果たすものになるだろう[13]。居宅を確保できていればよいが，そうでない場合には，シェルターや中間施設に一時入所することになる[14]。同時に，必要に応じて食事の提供や医療等との連携，住民票の再設定などの行政手続きをおこなうとともに，支援者は，出所者のもとに頻回訪問をおこなう必要があると考えられる[15]。

（3） 第3ステージ：②地域生活スタート支援ステージ

その後，「②地域生活スタート支援ステージ」へと歩を進めることになる。応急的にシェルターや中間施設に入居していた出所者の生活を，地域の一員として開始していくために，居宅（必要に応じて別の中間施設）への移行，生活保護申請への同行[16]，障害者手帳の取得や切り替えなどの行政手続きを完了させる。本人の様子をみながら頻回訪問から定期訪問に切り替えるなどして，伴走型の支援を続けていく必要があるだろう。そうして，居宅や安心してすごせるグループホームなどの安定した住まいを確保して，生活の基盤を整えていくことになる。

（4） 第4ステージ：③居住福祉ステージ

一定の基盤を整えることができたとすれば，「③居住福祉ステージ」へと移行する。たえず福祉サーヴィス，配食サーヴィス，日中活動の場の確保，可能であれば就業の場の確保，必要であれば情動コントロールなどをおこないながら，訪問の頻度を減らすなどして，地域への定着を多機関多職種による連携によって実現させていくことになるだろう。さまざまな支援機関や，日中活動の場あるいは就労の場において，出所者の生活を営むうえでのキーマンを探し出し，人間関係を安定させ，本人にとって価値のある役割をみつけだすための支援を実施することが望まれる[17]。こうした一連の流れのなかで，出所者は，コミュニティへの帰属意識を生成し，地域へと根づいていくことになる。

（5） 出所者の地域生活を支える4ステージが有する意義

こうして出所者に対しては，一定の支援が得られる状態から段階的に地域生活へと移行を進めていかなければならない[18]。さらにこの段階，とりわけ，出所後の3段階の過程は，図5－①に示したようにVeysey（2015）が提唱している，犯罪歴等を有する者のアイデンティティの転換プロセスともある程度はパラレルに展開していくものであると考えられる[19]。ただし，Veyseyの指摘するアイデンティティの転換プロセスのすべてを辿れる出所者は

稀だろう[20]。エンパワーされる人間関係くらいまでを築くことができれば問題はないはずであるし，そこにこそ支援の意味があると考えられる。居宅であれ，施設であれ，本人がそれを選択できる〈自由〉が確保されており，本人の意思にしたがって地域での生活が営めるということが重要である[21]。

　また，出所者がその住まいで暮らし続けていくためには，地域生活を見守っていく支援者が必要となる。とくに高齢者や障害者といった傷つきやすい人びとをクライエントとした居住支援をおこなううえでは，住まいを得ることの難しさと，住まいを取り囲むコミュニティにおいて，このような人びとがどのようにして生活しているかを理解したうえで取り組むことが求められる（Perry et al. 2018：117）。さらに，地域生活を支えていくためには，住まい，収入源，食事，洗濯，掃除，その他の家事，日中をすごす場所，健康でいるために必要なこと，金銭管理，その他迷ったときや悩んだときに相談できる人，世の中が非日常となる長期休暇のすごし方や災害などの非常時の対応など，さまざまな点に目配りしなければならない。出所者がそこで安心して住まうために，必要な福祉サーヴィスや地域住民の力を組み合わせていくことが，ソーシャルワーカーには求められる。住まいをみつけるための支援から，その住まいで定住するにいたるまでの支援まで，あらゆる専門職が連続性のある支援をおこなうことにより，地域住民等の不安を緩和・除去していかなければならない（野村 2017：215）。加えて，その過程のなかで，反社会的な交友関係から距離を保ち，日常生活におけるやりがいや何らかの楽しみなどが継続できるような生活支援や余暇支援を意識的におこなっていく必要がある。出所者本人にとっても再犯は大きなリスクになりうることをふまえたうえで，再犯防止を目的としない，本人を再び刑務所等に収監させない，本人の社会復帰に向けてのきめ細やかな支援が必要となる。

（6）　社会福祉法人南高愛隣会の実践例

　この⓪の出所前支援ステージから③の居住福祉ステージまでをソフトランディングに移行させる取り組みとして，しばしば語られるのが長崎県雲仙市を拠点とする社会福祉法人南高愛隣会であろう。刑事司法と福祉との連携を語るうえでは欠かすことができない開拓者であり，長崎モデルや新長崎モデ

ルといわれる独自の方策を次々と提唱し，その展開に拍車をかけた立役者である。

　南高愛隣会は，主に知的障害者に暮らしと働く力を育むための社会福祉法人であり，現在では生活支援，相談支援，居宅支援，日中支援，罪を犯した障害者への支援，医療支援という6つのサーヴィスのメニューを提供している。「幸せを実感できるようなサービスの提供を」を合言葉に，障害のある人びとの地域生活への希望をかなえるための活動を，長崎県下5市(諫早市，長崎市，佐世保市，雲仙市，島原市)において約1000名の利用者に対して提供している。地域に広がった150棟のグループホームを中心に，どんなハンディキャップがあっても，施設や病院という特別な場所ではなく，生まれ育った「ふつうの場所での，ふつうの暮らし」ができるように活動を展開している。

　この「ふつうの場所での，ふつうの暮らし」というフレーズは，出所者の社会復帰を語るうえでも鍵概念になってこよう。南高愛隣会では雲仙の山頂から麓にかけて地域全体に関連施設を有している。酪農家等が生活を営み家と家とのあいだに一定の距離のある山頂付近に触法者や支援困難者，重度の障害を有する人びとが，また，家と家とのあいだが比較的近く居住区の集積する麓付近に比較的支援の必要の少ない人びとが生活を営んでいる。基本的には，山頂から麓の街に生活の拠点を移行していくことを社会復帰のかたちとして考えているようである。グループホーム事業ひとつをとっても，夜勤型，宿直型，朝・夜支援型，単身生活型，愛する人との暮らし型と，対象者の情況に応じた支援を提供している。そして，ひとつずつ階段をのぼっていくように，生活をより〈ふつう〉の状態に近づけられるように段階的な移行が実現されている。とくに麓の街での生活には，地域の理解が不可欠であり，地域の人たちが参加する運営推進会議を設置し，地域全体での見守りを目標にしている[22]。地方中小都市における特殊な事例であることを差し引いても，⓪の出所前支援ステージから③の居住福祉ステージまでをソフトランディングに移行させていくこの取り組みは，特筆すべきものであると考えられる。

3 「住まう」場としての地域コミュニティの役割

　わたしたちが生きていこうとすれば，自ずと「生活の共同」が切り結ばれ，何らかのかたちでコミュニティが浮上してこざるを得ない（吉原 2019：167）。小熊（2019：54）は，地域を「そこにいる人々の活動や社会関係の総体」であると捉える。そして，マッキーヴァー（1975＝1924）による伝統的な定義にしたがえば，コミュニティは，一定の地域のうえにおこなわれている共同生活の場であるということになる[23]。また，地域がコミュニティとして認知されるためには，「アイデンティティないし集合意識」が重要であるとされ（小熊 2019：172），地域コミュニティは，日本において「社会を支える基盤」となってきたとされる（小熊 2019:188）。そうして，その役割は，「その地域に生きている人々の幸福や人権が，持続的に守られることにある」と考えられる（小熊 2019：173）。他方，同時にコミュニティにおける安全安心には自己責任が問われ，同じ町内会や自治会に属する人を「内」にとりこみ，見知らぬ人を「外」に排除するといった，「異質な他者」に対する排他性，高度に監視的な機能も兼ね備えている（吉原 2019）。

　刑務所や中間施設から退所した人たちの多くは，その後，単身での生活をおくることになる。かれらが社会のなかで孤立することをいかに防止するかということが，地域生活への定着に向けての，ひいては再犯を防ぐための重要なポイントになってくる[24]。そのためには，居宅を得たのちも継続的な見守りをおこなう支援者の存在が必要となる。そのうえで，犯罪行為につながるこれまでの〈悪い〉関係を断ち切り，犯罪行為からの離脱につながる〈良い〉関係をいかにつなげていけるかが肝になる。このとき，出所者の住まいの確保という文脈において，とくに留意しなければならないのは地域住民からのスティグマであろう[25]。スティグマは関係性をあらわす概念であり，社会との相互行為のなかで付与されるものである（Goffman 1963：16）。

　法務省がおこなった「再犯防止対策に関する世論調査」(2018年)によれば，「犯罪をした人の立ち直りに協力したいと思うか」という問いに対して，「思

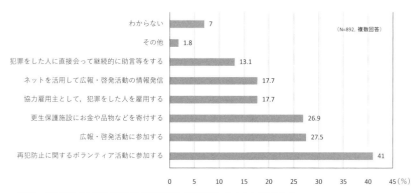

出典：「再犯防止対策に関する世論調査」（2018年）をもとに著者作成。

図 5 −③　協力をしたいと思う理由

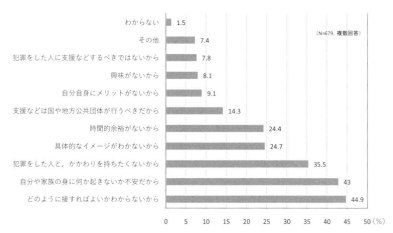

出典：「再犯防止対策に関する世論調査」（2018年）をもとに著者作成。

図 5 −④　協力をしたいと思わない理由

う」とする者の割合が53.5％（「思う」17.8％＋「どちらかといえば思う」35.7％），「思わない」とする者の割合が40.8％（「どちらかといえば思わない」25.3％＋「思わない」15.4％）となっている。犯罪をした人の立ち直りに協力したいと「思う」，「どちらかといえば思う」と答えた者（892人）に対して，どのような協力をしたいと思うかという理由をたずねた結果が図 5 −③であ

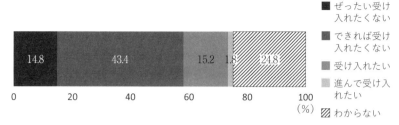

出典:「刑事司法への信頼に関する調査2014」をもとに著者作成。

図 5 － ⑤　地域住民の出所者に対する忌避度

り，「どちらかといえば思わない」，「思わない」と答えた者（679人）に対して，協力したいと思わない理由をたずねた結果が図 5 － ④となっている。予想以上に，「思う」の回答が多いことに驚かされる。

　その一方で，「刑事司法への信頼に関する調査2014」（研究代表：津島昌寛）において，「あなたは，刑務所を出所してきた元受刑者があなたの近所に住むことを，どのくらい進んで受け入れようと思いますか」という問いに対して，58.2％の人が受入れを拒否し，「わからない」を含めればその数値は83.0％にいたるという結果が出ている（図 5 － ⑤）。協力はしたいが，実際に自分の近くに住むことへの抵抗は小さくないということであろう。まさに，「私たちは人びとに犯罪を辞めてほしいと思っているが，学校の先生として子どもたちに教えたり，上司にしたり，近所づきあいをしたりしたいとは思っていない」という Veysey（2008：4）の指摘を裏づける結果となっている。

　それではわたしたちは，なぜ出所者が隣人となることを望まないのだろうか。図 5 － ⑤からもわかるように，その理由には何か具体的な根拠があるわけではなく，何となくの不安やスティグマにあるのではないか（掛川2017a：57）[26]。人びとによってつくりあげられてきた，あたかもモンスターのような〈出所者〉という虚像が，何となくの不安やスティグマを強化し，刑務所を代表する矯正施設等から出所しているというひとつの事実だけが焦点化されて，目の前にいるその人の姿を見えなくしてしまっている。〈出所者〉であるという色眼鏡は，その人の実像を知る機会から遠ざけ，何だかよ

くわからないまま世にもおそろしい存在としての，どぎつい〈犯罪者〉の
フィルターをかけている。そうすることで，たとえ刑務所に入っていなけれ
ば福祉の対象として認識されずに見過ごされてきた人であっても，刑務所を
出所したときから再びすべてが自己責任かのように捉えられてしまうのであ
る。この問題をのりこえるためには，外的な問題だけではなく，出所者自身
の志向性へと働きかけ，社会的役割の獲得に向けて支援をおこなう必要があ
る。

　また，出所者が出所後に失う最たるものに，他者からの，そして自分自身
からの〈信頼〉が挙げられる（掛川 2016：67）。「信頼できるということは，
仕事を得たり，家を買ったり，または隣人の子どもの子守をするための担保
である。スティグマは個人の信用を落とし，信頼を損なう」ことになるのだ
（Veysey 2008：4）。Maruna（2001）もまた，犯罪からの離脱には，自分が
社会において責任を果たせる主体である，社会において一定の役割を果たせ
る存在であると意識することが求められるという。すなわち，社会から許さ
れる価値のある存在，他者から許されることで自分を認め，犯罪から離脱で
きるようになるというのだ。この信頼という点をいかにフォローしていくか
が，出所者支援にとって特徴的な課題のひとつとなりうる。この点，野村
（2013：231）は，施設コンフリクト発生後の合意形成をめぐり，信頼の重要
性を強調するとともに，当事者間において感情論で対峙するのではなく，そ
れぞれの利害を客観的に考慮することのできる仲介者が，施設コンフリクト
の合意形成に大きな役割を果たすと指摘している。出所者支援における出所
者へのスティグマの解消をめぐっても，この仲介者，すなわち支援者の存在
が重要になるのではないだろうか。さらに，出所者にとって，困ったときに
相談できる人や場所の存在は不可欠となる[27]。単に住まいが確保されれば解
決するというわけではなく，そこで住み続けるための生活支援がセットでお
こなわれなければならない。その人にそこで暮らしていきたい，暮らしてい
けると思える場所をつくり，人と人とをつないでいくことが出所者の居住支
援を含む地域生活支援には必要なのである[28]。

　では，出所者が地域のコミュニティのなかで，住まい，暮らしていくため
には何が必要か。その基本は「関係性」へのアプローチにある。まずは支援

者が地域の資源を理解して，その人にあった資源を選択する。そのうえで，単にそこにある資源と資源とをつないでいくだけではなく，出所者にかかわる人を少しずつ増やしていくということが望ましい[29]。またさらに，支援者が，出所者が罪を犯すことによって失ってしまった他者からの信頼を補填する存在になるということも求められる支援のひとつとなる。むろん，出所から社会復帰までが一直線に進むことばかりではない。刑務所という全制的施設から解き放たれてはじめてみえてくる生活課題もあるだろう。再び罪を犯す人もいれば，犯しそうになる人もいるだろう。このような一種のつまずきも含めて，支えていくことが求められる。出所当事者は，その支援者が本当に信じられる人かどうかを試すための「試し行動」をくり返すこともある。犯罪行動以外にも，一時的に，その場からいなくなってしまう人もいるだろう。そのような回復のプロセスとでもいうべきさまざまな不安定な「ゆれ」のくり返しのなかで，地域への定着が図られていくことになる[30]。決して一朝一夕にはいかないが，長い時間をかけて醸成されていくことで，ひとつの事故などでは簡単には崩壊しない信頼を構築していくことが求められる（野村 2014：11-12）。出所当事者の視点に立った地域での粘り強い福祉的な支援が展開されなければならない。

　同時に，スティグマの解消に向けては，出所者自身と社会との相互関係に着目していく必要がある。岩間（2014：156）は，福祉的支援の中核的価値を「本人主体」と位置づける。そして，そこから派生した根源的価値として，「存在の尊重」「主体性の喚起」「支え合いの促進」を挙げる（岩間 2014：159-166）。福祉的な支援を考える場合，当然のことながら支援を受ける対象者自身が人生の主人公である。そうであるとすれば，支援者は，支援対象者が主体として生きていくことを支えることが求められ，「本人主体」であることを忘れてはならない[31]。あわせて，個人の「存在」の尊重は，地域住民の「主体性」につながる[32]。出所者一人ひとりの個人を尊重することから，地域を変え，社会をつくっていくという地域を基盤としたソーシャルワークの視点をもつことが（岩間 2011），出所者支援にも求められているのだ[33]。

　このような地域での支援は，決してひとりの支援者が抱え込めるものではない。地域における関連機関がネットワークをつくって個別支援を支えてい

く仕組みが不可欠となるし，地域住民が抱く何となくの不安やスティグマを解消していく活動にも注力していく必要がある。出所者と出所者をとりまく人びととの関係性をとりもつ支援を生活の基盤となる住まいや地域を中心に構築していかなければならない。すなわち，犯罪行為者をはじめとする「異質な他者」に対する排他性を示す地域社会ではなく，「住民の主体性が強く表れた新しいまちづくりとして取り組まれる『地域社会』」が求められているといえる（武川 2011：8）。そして，その実現のためには，「個を地域で支える援助」と「個を支える地域をつくる援助」という2つのアプローチを一体的に推進していく，地域を基盤としたソーシャルワークを展開していくことが不可欠となる（岩間 2011；岩間ほか 2019）。

　本章では，社会復帰の基盤としての住まいの確保を支援することは，単に住む場所を得るだけではなく，出所者が抱えるスティグマを乗り越え，地域のコミュニティのなかで信頼をとり戻していくことを支援することであると論じた。つまり，出所者の居住支援は，その場に，住まうこと，生活すること，人とつながることが社会生活に不可欠なファクターとなるのである。

　〔注〕
　1） 経済的，社会的及び文化的権利に関する国際規約（A 規約）11条は「この規約の締約国は，自己及びその家族のための相当な食糧，衣類及び住居を内容とする相当な生活水準についての並びに生活条件の不断の改善についてのすべての者の権利を認める。締約国は，この権利の実現を確保するために適当な措置をとり，このためには，自由な合意に基づく国際協力が極めて重要であることを認める」と定める。
　2） 高橋（2018：269）は，「そもそも各人が安心して暮らすための居住先，就労先を得ることは，犯罪をした者であるかにかかわらず，日本国憲法がすべての国民に保障する健康で文化的な最低限度の生活を送る上での根幹をなすものであ」り，「有意義な居住先，就労先とは，必ずしも再犯防止を最短距離で実現する」ものには限定されないと指摘する。
　3） 地域生活定着促進事業においても，特別調整の対象者の選定にあたって「適当な帰住予定地が確保されていない者」という要件が定められており，実は，居住支援は，出所者支援の中核的な課題となっている。
　4） 貧困を「幸福を追求するための『自由』が欠如した状態」と捉えるとす

るのであれば（志賀 2016），社会における〈自由〉な生活を，むしろ苦痛に感じてしまう人びとが存在せざるを得ないわたしたちの社会のあり方こそ問いなおさなければならないだろう。

5）　出所者の居住支援をおこなううえで，他の生活困窮者の居住支援よりもとりわけ留意しなければならないのはこの拘禁経験である。

6）　野宿者支援の文脈において，米野（2010：38）は，住まいというハードの確保を大前提として，そこで安定的に暮らすことができてはじめて居住がなりたちうることを考えると，生活を支えるソフト面での支援が必要になる場合もあろうと指摘している。つまり，居住支援には，①入居に関する支援と②そこに住み続けるための生活支援との2段階が存在するということになる。

7）　出所者の数が少ない地方都市であれば，ハウジングファースト型の支援も可能となる地域もあるかもしれない。試験的な実践を積み重ねていくことが求められる。ハウジングファーストについては，Padgett et al.（2015），山北（2017a；2017b）等を参照のこと。

8）　出所者支援と野宿者支援とは一見関連のない事柄にもみえるかもしれないが，橋本（2016：43-44）も指摘するように，帰住先のない出所者の支援は，野宿者支援と大部分が重なる。

9）　「ホームレスの自立の支援等に関する特別措置法」が施行される2002年以前は，炊出しや夜回りといったアウトリーチ型の応急支援が主だった活動であったとされるが，近年では自立支援センターや無料低額宿泊所といった中間施設への入所支援や，その後の地域定着支援まで多様化している。また，支援者が支援対象者の生活歴等を理解したうえで各々に適した支援計画を作成し，生活の安定を図ることを目標とした伴走型支援という概念がキーワードのひとつとなっている（奥田ほか 2014）。

10）　現在運用されている制度としては，各都道府県に設置されている地域生活定着支援センターによる特別調整の対象となること，あるいは刑務所の福祉専門官や社会福祉士の独自調整の対象となることが，このステージにおける最も一般的なかたちとなる。しかし，特別調整等の対象者としてリストアップされない，あるいはその調整にはのらない福祉的ニーズをもった受刑者も相当数いると考えられるため，刑務所等に入所しているあいだに生活環境調整ができなかった場合には，野宿を回避するための支援が必要となることはいうまでもない。

11）　実際に，出所者支援に取り組むNPO法人等にはたくさんの面会依頼の手紙が届く。刑務所等のなかで，どこのNPO法人が支援をしてくれるかなどという情報は出回っているようである。

12)　この点を補強するエピソードがある。刑事司法と福祉との連携を制度として進める契機のひとつとなった下関駅放火全焼事件（2006年1月7日）を起こした男性に対するジャーナリストの江川紹子による取材記事である（江川紹子「【老いゆく刑務所・番外編】人はいくつになっても立ち直れる、という希望」2017年4月13日配信〈https://news.yahoo.co.jp/byline/egawashoko/20170413-00069834/ 最終閲覧日2019年9月30日〉）。その記事で男性は、「今までで一番辛かったことはなんですか」という問いに「刑務所から出る時に、誰も迎えに来てくれないこと」と応じ、「これまでの人生で一番うれしかったことは？」という問いに対しては「（支援者の）奥田さんと伴子さんが、（仮釈放の時に）迎えに来てくれたこと。今までは、だーれも頼る人おらん。刑務所を出ても行く所ないし、金は使こうてしまうし、1人は寂しい」と応じている。著者も地域生活定着支援センターの相談員としての業務のなかで、支援対象者のうれしそうな顔に遭遇した経験が何度となくある。

13)　刑務所等における生活は、非常に禁欲的なものであり、食べたいものを食べることはほとんどできない。あるソーシャルワーカーは、受刑中に本人から出所したら一番に食べたいものは何かということを確認しておき、できうる範囲でそれを実現するように心がけていると語っていた。単純なことではあるが、本人と支援者との信頼関係を構築するためにも重要なことであると思われる。

14)　全制的施設において〈飼いならされた〉生活を余儀なくされた出所者の社会復帰のプロセスには、一定の生活支援を受けられる中間施設を経てソフトランディングに地域へと移行していくことも必要となる場合もある。

15)　ノルウェーで出所者支援をおこなう Way Back OSLO では、刑務所等から出所したあとの出所者の状態と必要な支援をあらわした48秒の短い映像を公開している〈http://wayback.no/wp-content/themes/wayback/video/wayback.mp4 最終閲覧日2019年9月30日〉。この映像では、身の回りのものを入れたビニール袋ひとつだけをもって刑務所の門を出てきた出所が、「シャバ」の時間の流れの速さや、「買い物をする」というあたりまえの行為に戸惑い、用意された部屋（ノルウェーでは出所後の住居がない者には住居が用意される）で途方に暮れる。意を決して行政の窓口に向かうと、矢継ぎ早に多くの書類を提示され、また外のベンチで途方に暮れる。そこで、支援者があらわれ、そっと隣に座って支援を開始するというものである。ノルウェーでは、住まいの確保そのものは問題とはならないが、求められている支援の基礎はここにあるように思われる。

16)　生活保護を申請した場合には、受給決定までの約1ヶ月ほどの生活の場を確保しておく必要が生じる。

17) 竹端（2013：29）は，高齢者や障害者等に対する権利擁護の本質を問う
著書のなかで「『支援が必要な人』も，支援する側と同じような，一日，一
週間，一年，一生の『ノーマルな体験』をしたいし，その機会が提供される
べきである。そのためには，『本人の願いや要求』が十分に尊重されなけれ
ばならないし，……経済的な基盤が保障され，居住空間や日中の居場所など
も普通の人と同基準が適用されるべきである」と指摘し，支援される側の
ニーズによりそう支援のあり方を希求している。これは，出所者の居住支援
を考え，地域への定着を促進していくうえでも重要な指摘となる。このと
き，就労の場に限定されない居場所の確保が不可欠である。

18) 刑務所等における画一的な生活を「自由はないが不自由もない」と感じ
る出所者の多くには，潜在的に福祉的なニーズがあるものと考えられる。

19) むろん時系列的にはそれぞれに個人差があると考えられる。

20) おそらくは再文脈化までができたほんの一握りの出所当事者は，華々し
く自らの〈更生〉を語る〈理想的な出所者〉や，ピアの支援者や研究者へと
なっていくのだと考えられる。

21) 刑事司法ソーシャルワークの現場に身をおいてみると，個室で，3食温
かいご飯が提供されて，自由になるお金もあって，行動制限もほとんどない
ような，クライエントのいう希望がほとんどかなった，ある意味で何不自由
のない生活環境を整えることができたとソーシャルワーカーの側が自負して
いたとしても，わずか数日で出奔してしまうケースなどに遭遇することがあ
る。

22) 南高愛隣会へ参観した記録等に目をやると，だいたい異口同音に「ふつ
うの場所での，ふつうの暮らし」が実現された理想的な施設である，との評
価が与えられている（たとえば岸（2010））。たしかに，長崎県雲仙市をはじ
め地方中小都市に生まれ育った人びとにとっては，まさに「ふつうの場所で
の，ふつうの暮らし」といえるのであろう。しかし，実際に同所に足を運ん
で地域の人びとの暮らしを垣間見ると，手放しで称賛するわけにはいかない
現実を思い知らされることになる。大都市もしくはその周辺部に生活する人
びとが，突然，地方中小都市たる雲仙市にある施設で，一定の自由を与えら
れ，これが「ふつうの場所での，ふつうの暮らし」ですといわれてもなかな
かその生活に適応することは困難であるように感じられる。この点には，注
意が必要であろう。

23) 野口（2011：144）は，マッキーヴァーの定義を引用しつつ，「家族が個
人化し，地域社会の匿名化が進行し，自治会等地縁組織が衰退する中で，親
密さや信頼関係の崩壊」が顕著である一方で，信頼と互酬の規範が内在化し
た新しい市民活動の台頭を現代のコミュニティのあり方の特性として指摘し

ている。加えて，「単に地域性とか，共同関心というように外在的に規定するものではなく，地域社会の中で疎外されているかまた排除されようとしている人々を受け入れる価値と社会的態度から成り立つものである」とする福祉コミュニティの存在を指摘している（野口 2011：151）。

24）　居宅移行後に〈孤立〉しては本末転倒である。

25）　荒川（2018：229）は，「犯行を行ったという行為そのものではなく，有罪になったり，報道されたりという事実が，いわゆるスティグマとして機能する」と指摘する。

26）　現実に，出所者を受け入れている地域の〈純粋な〉福祉の担い手の人びとから話を聴くと，多くの支援者が「刑務所から出てくると聞いて，はじめはとてもかまえて，怖かったが，実際に目の前にしてコミュニケーションをとってみると他の支援対象者と何ら変わらなかった」ということをしばしば耳にする。

27）　出所者と呼ばれる人びとの多くは，この相談の仕方を知らないことが多い。そういった場合には，「○○という事態が起こったときには，××さんにたずねてみよう」といった具体的なルールをつくるなど，相談することで解決できることがあるということを実感してもらうこともまた必要となる。

28）　出所者の居住支援にもかかわる NPO 法人やどかりサポート鹿児島の芝田淳代表理事は，「アパートに入って本当の意味でのホームレスになった」という支援対象者のことばに衝撃を受け，「本人が守りたいと思える生活」を実現する支援のあり方を強調し，「つながり」と居住の「安定」とをセットで考えていくことの重要性を指摘している。

29）　エコマップを作成すると，最初は，そのクライエントのまわりには誰の存在もない，ということも決して珍しいことではない。最初は専門機関，徐々に社会の人に置き換えていく（上岡・大嶋 2010：44-45）。そして，専門職が徐々にかかわりの度合いを薄めていき，住民主体の地域福祉を推進していくことが求められる（原田 2014：218）。

30）　この点，山田（2018：33）は，「福祉サービスや理解者が関わったからと言ってすぐに変化するものではなく，犯罪に親和性のある生活や思考から遠ざかる環境に身を置き続けるという時間が大事であり，それは当事者だけでなく，支援者自身もその人を信じて待ち続ける忍耐が求められている」と指摘する。

31）　岩間（2014：156）は，「本人をめぐる課題や問題が本人の生活において生起する限り，その本人の人生の中でしか解決できない。対人援助とは，本人の人生という文脈のなかで援助を提供するものであり，本人の側にある資源を本人が活用することである。つまり，与えられる援助は意味をもたない

ということである」という。しかし，本書が対象とする多くの出所者は，この「本人の側にある資源」をもっていないことも多い。出所者支援の文脈においては，この〈資源〉を整え，支援者自身が〈資源〉のひとつとなって本人が主体となっていいのだと実感するところから始めなければならない。

32) 野村（2017）は，「地域住民のつながりや支え合いのしくみづくりには，自治体行政や社会福祉協議会などによる側面的な支援が必要であり，居住福祉の観点を基盤とした地域福祉政策は，住民と協働してつくるものだという視点が求められる」という。

33) Maruna（2011：166）は，「犯罪者が変わることができると信じていない社会は，自分は変わることができると信じていない犯罪者をつくる」と指摘している。

第6章

出所者の「住まう」を支える

1 なぜ，出所者の「住まう」について
考える必要があるのか？

　2012年におこなわれた犯罪対策閣僚会議において，「再犯防止に向けた総合対策」が策定され，①対象者の特性に応じた指導・支援の強化，②社会における「居場所」と「出番」の創出，③再犯の実態や対策の効果などを調査・分析し，さらに効果的な対策の検討・実施，④広く国民に理解され，支えられた社会復帰の実現，という4つが重点施策とされるとともに，「刑務所出所後2年以内に再び刑務所に入所する者等の割合を今後10年間で20％以上削減」するという具体的な数値目標が掲げられた[1]。この総合対策と「住まいの確保」との関連を探れば，②の社会における「居場所」という文脈において論じることができる[2]。

　実際にも出所者のなかには，帰住先を確保できないまま出所し，再犯にいたる者が多数にのぼることや，帰住先がない者ほど刑務所への入退所をくり返す再犯期間が短いなど，生活の基盤となる住まいを確保することの重要性が認識されつつある[3]。過去12年間の出所事由別帰住先構成比の推移をみると，毎年，満期釈放者の半数を超える者が「その他」となっており，仮釈放者と比較して圧倒的に帰る場所がないという現実がみえてくる（図6-①）。

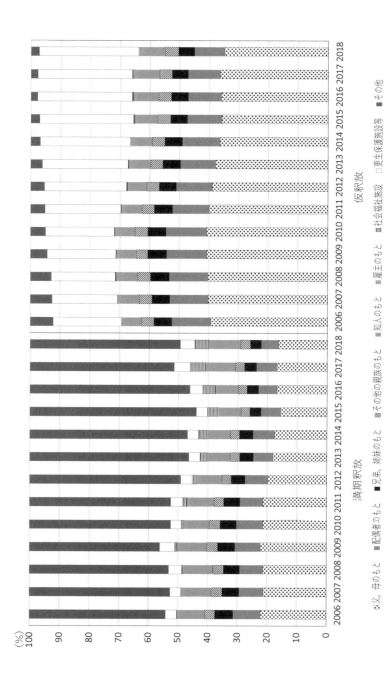

図 6 ─ ① 　出所事由別帰住先構成比の推移

出典：『矯正統計年報』をもとに著者作成。

満期釈放　　　　　　　　　　　　　仮釈放

☑父、母のもと　■配偶者のもと　■兄弟、姉妹のもと　　　　■雇主のもと　□更生保護施設等
■その他の親族のもと　　■知人のもと　　　　　　　　　　■社会福祉施設　■その他

同時に，更生保護施設等の利用も仮釈放者に傾斜していることがわかる。また，2013年の法務省調査によれば，帰住先がないまま満期出所した者の再犯時の生活状況は，ホームレス等が30.8％，ネットカフェ等が22.0％，暴力団事務所等が10.7％，賃貸住宅が10.1％，生活保護受給による賃貸住宅が8.8％，その他が17.1％となっており，出所後の居住を確保して，仮釈放者を増やすとともに，適当な帰住先がないままに満期出所となる者を減らすことが必要である。しかし，次節以降において整理していくように，刑事司法領域が提供する居住支援の方策はきわめて限定されたものにとどまっている。法務省の再犯防止推進計画等検討会においても，住居の確保等の施策の強化の必要性が認められており，とりわけ更生保護施設の役割に期待がかけられているが，近年，受入れ人数は8300人前後で推移しており，頭打ち状態にある。さらに，一時的な住居を確保しても，4人に1人が定住先を確保できないまま退所しているといわれている。

　帰住先をもたない者の行き着く先は野宿生活であるが，ホームレス問題が社会問題化される1990年代以降の支援現場では，30-40％程度の出所者の存在が認識されてきたといわれる。にもかかわらず，出所者の住まいの確保に着目した研究はほとんど発表されてこなかった[4]。そこで本章では，これまで論じられることの少なかった出所者の住まいの確保という問題に焦点をあて，現在日本における出所者の居住支援の実状について整理をおこなう。

2　刑事司法が「住まい」を支える

　本書第4章においても具体的にみてきたように，貧困・社会的排除状態に陥り，安定した住まいを得ることのできない出所者に対しては，どのような支援がなされているのであろうか。本章では現在，刑事司法領域においておこなわれている支援の状況を整理していく。表6－①は，刑事司法領域における3つの居住支援策の特徴をまとめたものである。

表 6 −① 刑事司法領域における居住支援策[5]

	更生保護施設	自立更生促進センター・就業支援センター	自立準備ホーム
特　性	頼るべき親族等がいない者、生活環境に恵まれない者、あるいは、本人に社会生活上の問題があるなどの理由で、すぐに自立更生ができない刑務所出所者等を保護して、その円滑な社会復帰を支援している施設	親族等や民間の更生保護施設では円滑な社会復帰のために必要な環境を整えることができない刑務所出所者、少年院退院者等を対象とし、保護観察所に併設した宿泊施設に宿泊させる、保護観察官による濃密な指導監督や充実した就労支援をおこなうことで、対象者の再犯防止と自立更生を図ることを目的とする施設	あらかじめ保護観察所に登録した民間法人・団体等の事業者が、保護観察所の委託を受けて、宿泊場所の供与と自立のための生活指導（自立準備支援）のほか、必要に応じて食事の給与を委託するもの
施設数	103 （うち更生保護法人100、社会福祉法人1、特定非営利活動法人1、一般社団法人1）	2＋2	411 （うち特定非営利活動法人149、会社法人85、宗教法人46、その他131）
定　員	2349	58	非公開
主な対象者	継続保護事業対象者（保護観察対象者・刑の執行終了者・刑の執行猶予者等、現に改善更生のための保護が必要と認められる場合に、その者を施設に収容して、宿泊場所の提供等をおこなう必要のある者）など（高齢・障害者施設が15）施設57、薬物処遇重点実施施設が15）	受刑者のうち刑務所での成績が比較的良好であるものの現状では適切な帰住先を確保できないため仮釈放をうけず満期釈放となっていた者など	継続保護事業対象者（保護観察対象者・刑の執行終了者・刑の執行猶予者等、現に改善更生のための保護が必要と認められる場合に、その者を施設に収容して、宿泊場所の提供等をおこなう必要のある者）など
主な業務	生活援助・環境調整・生活訓練など	就労支援・金銭管理・家族調整・住居確保・退所後支援など	居住確保・食事の提供・生活指導など
所管官庁	法務省	法務省	法務省
運営（実施）主体	更生保護法人・社会福祉法人・一般社団法人・NPO法人	法務省	更生保護法人・社会福祉法人・NPO法人
入所経路	保護観察所からの委託・本人からの申出など	保護観察所・刑務所からの委託など	保護観察所・検察庁からの委託など
入所期限	6ヶ月（延長可の施設もあり）	3ヶ月（延長不可）	約60日
平均在所期間	77.7日	─	
形　態	グループホーム	グループホーム	一軒家・アパートの一室・グループホームなど
設置開始年	1888年	2009年（就業支援センターは2007年）	2011年

出典：掛川（2016a：51）一部・改。

（1） 更生保護施設

更生保護施設は，行き場のない矯正施設等出所者の帰住先・定住先を確保するためにこれまで中心的な役割を果たしてきた[6]。入所者のほとんどが保護観察や更生緊急保護の対象者である。主に就労自立層を対象としている。単に住まいと食事の提供だけではなく，社会復帰に向けた生活指導等もおこなっている[7]。指定を受けた71ヶ所の施設では福祉専門職が必置とされ，高齢者や障害者といった人びとへの支援をおこなう指定更生保護施設，薬物依存症者に対する特別処遇等をおこなう薬物処遇重点実施更生保護施設も設置されている[8]。更生保護施設を退所したのちの住まいは，借家（30.6％），就業先（18.3％），親族・縁故者（14.5％）となっている（法務総合研究所2016）。

（2） 自立更生促進センター・就業支援センター

更生保護施設が明治期の金原明善や川村矯一郎を中心とした慈善篤志家から始まった歴史的事業であるのに対して，福岡県北九州市と福島県福島市に設置された自立更生促進センターは比較的新しい事業であるといえる。民間の更生保護施設等への委託に適さない事案を受け入れ，就労指導に注力している。その内実は，さながら国営の更生保護施設といったところで，保護観察官による24時間365日体制の濃密な指導監督が強調されている。なお同趣旨にて，北海道沼田町と茨城県ひたちなか市に，農業技術を修得させるための就業支援センターが設置されている。

（3） 自立準備ホーム[9]

では，自立準備ホームはどのように捉えることができるだろうか。自立準備ホームは，「緊急的居住確保・自立支援対策」として，保護観察所が更生保護施設以外の宿泊場所を管理する事業者等に対して，帰住先のない矯正施設等出所者の保護を委託する制度として，2011年4月にその運用が開始された。この自立準備ホームでは，保護観察の対象者および更生緊急保護の対象者に対して，宿泊場所の提供や，自立のための生活指導，必要に応じて食事

の提供等がおこなわれている。入所期間は各保護観察所の長に委ねられており，地域によって異なる。

　NPO 法人等の事業者が，保護観察所に対して受託事業者の登録をすることによって開設が可能となる。受託事業者となるためには，7 つの要件を満たすことが求められており，登録希望書を保護観察所に提出し，審査を受ける必要がある。年度ごとの更新が必要であるとされている。

　必ずしも自立準備ホーム専用の建物を準備する必要はなく，もともと運営している居住施設の一室等を登録し，必要な場合に限って自立準備ホームとして運用することが可能になっており，事業者にとっては柔軟性の高い制度といえる。「自立準備ホーム」という看板を掲げる必要もなく，地域住民との施設コンフリクトも生じにくい。しかし，「平成23年 3 月31日法務省　保更第140号法務省保護局長通達」を根拠に実施されるものであり，法的な根拠をもっていない。

（4）　公営住宅への入居における特別な配慮（再犯防止推進白書 2019）

　2017年12月に国土交通省が，各地方公共団体に対して，保護観察対象者等が住宅に困窮している状況や地域の実情等に応じて，保護観察対象者等の公営住宅への入居を困難としている要件を緩和すること等について検討するように要請をおこなっている。あわせて，刑務所等出所者が該当する可能性が高い「著しく所得の低い世帯」は，公募が原則である公営住宅において，とくに居住の安定確保が必要な者として，各事業主体の判断により，抽選倍率を優遇するなどの優先入居の取り扱いが可能であることをふまえ，「著しく所得の低い世帯」を優先入居の対象とすることについても適切な対応を要請するなどとしている。

（5）　賃貸住宅の供給の促進（再犯防止推進白書 2019）

　法務省は，「住宅確保要配慮者に対する賃貸住宅の供給の促進に関する法律」（平成19年法律112号）にもとづき，犯罪をした者等のうち，同法 2 条 1 項が規定する住宅確保要配慮者に該当する者に対して，個別の事情に応じ，賃貸住宅に関する情報の提供および相談を実施している。

（6） 満期出所者に対する支援情報の提供等の充実 （再犯防止推進白書 2019）

　法務省は，刑務所等において，出所後の社会生活でただちに必要となる知識の付与等を目的として，講話や個別面接等を行い釈放前の指導を実施している。とくに，適当な帰住先を確保できないまま刑期を終え，満期出所となる受刑者の再犯を防止するため，同指導において，更生緊急保護の制度や，社会保障等の社会における各種手続きについての知識をそうした受刑者に伝えている。また，保護観察所において，帰住先を確保できないまま満期出所した更生緊急保護対象者に対して，更生保護施設等への委託をするほか，必要に応じて保健医療・福祉関係機関等の地域の支援機関等についての情報の提供をおこなうなどして，一時的な居場所の提供や地域社会における定住先の確保のための取り組みの充実を図っている。

（7） その他の居住支援につながる諸制度

1） 矯正施設の福祉専門官・社会福祉士[10]

　2004年度から一部の矯正施設で始まった非常勤の社会福祉士の配置は，2009年度には全所に達し，2014年度に高齢受刑者の多い12の矯正施設に常勤の福祉専門官が配置され，2018年度には，48庁に70名の社会福祉士，8名の精神保健福祉士が配置されている。社会福祉士の主な仕事は，①福祉的ニーズのある受刑者のデータベースの作成，②「特別調整」となることの本人への意思確認，③矯正施設の分類・保護担当との協議による「個人票」や「身上変動調査書」の作成と保護観察所への送付，④地域生活定着支援センターと対象者との面談の調整，⑤地域生活定着支援センターへの情報提供，⑥各種福祉的手立ての検討・申請等が挙げられている（全定協 2012：21-22）。従来，ほとんどおこなわれてこなかった出所時の福祉的支援を担う社会福祉士の存在は，刑事司法と福祉をつなぐうえで重要な役割を果たしている。

2） 地域生活定着支援センター

　地域生活定着支援センターは，主に65歳以上の高齢者や障害者で，適当な帰住先がない者について，釈放後すみやかに適切な介護，医療等の福祉サー

ヴィスを受けることができるようにするため，特別調整を実施する機関を指す。①福祉サーヴィス等にかかるニーズの内容の確認や受入れ先施設等のあっせんや申請支援等をおこなうコーディネート業務のほか，②矯正施設等を出所後，社会福祉施設等を利用している者に関して，本人を受け入れた施設等に対して必要な助言等をおこなうフォローアップ業務，③本人のニーズ等を確認し，助言その他必要な支援をおこなう相談支援業務，④①から③の業務を円滑かつ効果的に実施するために必要な支援業務等が期待されている。これもまた刑事司法と福祉とをつなぐうえで大きな役目を果たしているといえる[11]。なお，主な対象者が高齢者，障害者とされていることもあり，65歳未満や，障害が疑われたとしても，手帳を持たない者には生活保護しか使える福祉サーヴィスがない。法的にはふつうの住宅だが，たとえば，金銭管理に代表される日常生活の見守りができるような制度が求められる。

（8） 刑事司法領域における居住支援の課題

1） 総務省による勧告

刑事司法領域における居住支援の課題については，総務省によって「刑務所出所者等の社会復帰支援対策に関する行政評価・監視結果調査報告書」（2014年）が出され，それにもとづく勧告がなされている（**表6−②**）。

行き場のない出所者等の居住先としての更生保護施設等の不足，刑務所や保護観察所等と地域生活定着支援センターとの連携の不足，釈放前指導の不徹底などが問題点として挙げられ，その改善が勧告されている。この勧告をふまえつつ，本章で概観してきた刑事司法領域における居住支援の課題への接近を試みたい。

2） 更生保護施設の収容能力等

まず，行き場のない出所者等の居住先としての更生保護施設等による受入れを促進させるにしても，その絶対数が不足している。**表6−①**においてもみたように，更生保護施設の定員には限界がある。地域住民との関係もあり新設も困難な状況にある。また，更生保護施設は，各都道府県にだいたい1ヶ所はあるものの，東京都(19施設)，福岡県（7施設)，愛知県（6施設)，

表 6 - ② 居住支援にかかわる勧告の概要

刑務所出所者等の社会復帰支援対策 安定した生活基盤の確保		主な調査結果	主な勧告内容
住 居	行き場のない出所者等の住居確保	更生保護施設等への受入れが不十分 ＊要因：帰住先変更の働きかけが不十分	受入れの促進
	高齢者・障害者への福祉的な支援	刑務所・保護観察所等と地域生活定着支援センターとの連携が不十分 ＊要因：支援候補者の選定の遅延	連携強化
	行き場のない満期釈放者への指導・支援	満期釈放者への釈放前指導が不十分 行き場のない満期釈放者が緊急的な保護を求める場合に連絡先が不明	充実強化 全国共通の電話番号の導入・周知

出典：「刑務所出所者等の社会復帰支援対策に関する行政評価・監視結果調査報告書」（2014年）をもとに著者作成。

大阪府（4施設），神奈川県（4施設）と大都市部に多くの施設が集中しており，地域間格差が生じているという問題もある[12]。最もアクセスしやすいはずの更生保護施設が罪種によって受入れ拒否をおこなっているなどの実態もある。さらに，期間が経過とともに退所とするのではなく，退所後の帰住先の調整やアフターケアを刑事司法とのかかわりのない民間の団体等と連携して，継続的におこなっていく必要性も高い。

3） 刑務所・保護観察所等と地域生活定着支援センターとの連携等

次に，刑務所や保護観察所等と地域生活定着支援センターとの連携強化についても，地域生活定着支援センターの設置から10年余が経過した現在，その予算は縮減傾向にあり，機能の縮小が危惧されている。「切れ目のない支援」が目指されたものの，その現状は刑事手続きの出口段階での支援で手一杯になっている。その重要性が叫ばれている入口段階での支援については受任しないと明言するセンターもあり，各都道府県による支援の差も顕在化している[13]。地域によっては出口支援さえも十分に対応できないセンターも出てきかねない。この背景には，2015年4月に施行された生活困窮者自立支援法の存在が見え隠れする。厚生労働省社会・援護局が発行する「自立相談事業の手引き」には，その対象として「刑余者等」という項目が設定されてお

り，センターの予算がこちらに流れているとみる向きもある。この生活困窮者自立支援法との連携や役割分担を明確にしながら，支援を継続していく必要がある。

4) 生活するための支援の必要性

さらに，とりわけ満期釈放者の釈放前指導の充実確保については，刑務所の福祉専門官や社会福祉士の積極的な関与によって活路を見出すことができよう。かれらが地域生活定着支援センターや居住支援をおこなう NPO 等とも連携をとりながら出所後の生活に不安のある受刑者の生活環境を事前に調整し，適切に助言を与えることができれば，出所後ただちに行き場をなくして再犯にいたるという事態を防ぐ可能性は高まるはずである[14]。だが，かれらはたいてい処遇部企画部門の分類担当に配属されている。多くの刑務官とともに刑務所の流儀ともいうべき慣例のなかで，「刑務官化」とでもいうべき立ち居ふるまいをおこない，ソーシャルワーカーとしての役割を十分に果たせない状況のところもあるという。ある刑務所の社会福祉士から聴きとったところによれば，受刑者との面談にも刑務官の立会いがつき，「そこまでは刑務所の仕事ではない」と，のちに刑務官による介入がなされることもあるということであった。

5) 刑事司法手続きの段階に応じた支援の必要性等

最後に，刑事司法手続きの段階に応じた支援ということを意識しておく必要が挙げられる。逮捕＝犯人とみなされた報道がなされる日本社会では，まだ犯罪事実が確定しない段階から社会的制裁が加えられ，本書第4章のAの事例のように，勾留期間中にもともと住んでいた住まいを解約されることもある。現段階では必要な支援を，ごく一部の熱心な刑事弁護人やソーシャルワーカーの熱意に依存するほかない。刑務所等を出たあとだけではなく，刑事司法手続きの各ステージに応じた居住支援をおこなうことは今後の大きな課題になる。現在，刑事司法手続きの最終局面である刑務所等出所者に対する出口支援の整備が進んでいる。しかし，出口段階で支援が必要な人には，入口段階でも支援が必要であることがほとんどであろう。むしろ入口段

階での支援を充実させることで出口を早期にみつけることもできるはずである[15]。参考人，被疑者・被告人という刑事司法手続きの入口をも含めた真に〈切れ目のない支援〉の整備が不可欠である。

6）「再犯防止推進計画」（法務省再犯防止推進計画等検討会，2017年）

　法務省再犯防止推進計画等検討会によって出された「再犯防止推進計画」のなかにおいても，居住支援に関する項目は，「Ⅱ　今後取り組んでいく施策」の「第2　就労・住居の確保等のための取組（推進法第12条，第14条，第15条，第16条，第21条関係）」として取り上げられている。

　まず，この計画では，「現状認識と課題」においては，以下のように述べている。

　「刑務所満期出所者のうち約5割が適当な帰住先が確保されないまま刑務所を出所していること，これらの者の再犯に至るまでの期間が帰住先の確保されている者と比較して短くなっていることが明らかとなっている。適切な帰住先の確保は，地域社会において安定した生活を送るための大前提であって，再犯防止の上で最も重要であるといっても過言ではない」

　次いで，具体的施策として挙げられている項目を整理すると，表6−③のようになる。

表6−③　住居の確保に関する検討事項

住居の確保等	矯正施設在所中の生活環境の調整の充実	帰住先確保に向けた迅速な調整 受刑者等の親族等に対する支援
	更生保護施設等の一時的な居場所の充実	更生保護施設における受入れ・処遇機能の充実 更生保護施設における処遇基準等の見直し 自立準備ホームの確保と活用
	地域社会における定住先の確保	住居の確保を困難にしている要因の調査等 住居の提供者に対する継続的支援の実施 公営住宅への入居における特別な配慮 賃貸住宅の供給の促進 満期出所者に対する支援情報の提供等の充実

出典：「再犯防止推進計画」をもとに著者作成。

このなかで，とくに問題を生じさせるのが，更生保護施設等の一時的な居場所の充実と，地域社会における定住先の確保についてである。

　前者については，冒頭で更生保護施設等における受入れと処遇機能の充実を謳っている。受入れ定員の拡大を謳うも，高齢者や障害者の施設を運営することと比しても，更生保護施設や自立準備ホームの運営は圧倒的に加算額が少なく，安定した施設の運営上の問題が残る。さらに，処遇機能の充実を謳うが，更生保護施設の入所対象者には，更生緊急保護の対象者も含まれるため，更生緊急保護の対象者までが〈処遇〉を受けなければならないのかという課題を孕んだ問題が生じる。ある現場の保護観察官から聴きとったところによれば，自立準備ホームの確保と活用についても，その運営についての金銭的な援助が十分ではない。十分に機能しているのは一部の宗教的なバックグラウンドをもつ慈善事業に端を発したホームに限られるというほどに不安定なものであるという。

　後者については，住居の確保を困難にしている要因の調査が十分にはおこなわれておらず，また公営住宅等の提供にあたって内在されている問題にふれられることなく，内容的に抽象度の高いものになっている。住居の提供者に保護観察対象者等の必要な個人情報を提供するなど，不可解な文言も散見される。そもそも，公営住宅の入居は募集の時期が決まっており，身元保証制度がとられているなど，制度上の制約をともなうものである。出所者に限らず，必要な人に対して迅速に公営住宅を提供できるようにするなど，根本的な見直しが求められる。また，本書第5章において指摘したとおり，単に「住まい」というハードを整えるだけでは不十分であり，ハードを整えたうえで，生活支援をおこなうソフト面での支援をセットでおこなうという「住まい」だけではなく，「住まう」ことを支えていく視点が不可欠である。その意味で，2017年4月に改正された「住宅確保要配慮者に対する賃貸住宅の供給の促進に関する法律」にもとづく，居住支援法人にかけられる期待は大きい[16]。

7）刑事司法領域における居住支援の課題

　更生保護施設と自立更生促進センターについては，対象者を規則に縛られたグループホーム型の施設へと収容し自立を促す，という臨時的で緊急保護

的なサーヴィスの供給に比重がおかれている。収容定員に限界があることもあり間口が狭く，居住困窮層のすべてに提供されるわけではない。退所後に，就労自立につながらなかった層についての問題も指摘されており（よりそいネットおおさか 2014），中間施設としての機能のよりいっそうの充実化が望まれる。

　更生保護施設，自立更生促進センターがいわゆる施設形態をとるのに対して，自立準備ホームは，一軒家，アパートの一室，または必要に応じてグループホーム型と，必ずしも共同生活を強いられない点に特徴がある。規則の厳しい施設に比して，個別の働きかけができる自立準備ホームは対象者に応じた柔軟な支援が可能になる。あくまで刑事司法領域における居住支援という枠組みから考えると，この自立準備ホームにかけられる期待は大きいが，すでに頭打ちの感も否めない。

　住まいの確保にかかわっての金銭的な問題については，住居確保給付金や一時生活支援事業，生活保護費等を活用した対応が重要となる。また，日本において，建物賃貸借契約を締結する際に重視されるのが保証人の問題である。刑務所等から出所するまでのプロセスのなかで貧困・社会的排除状態に陥った出所者にとって，保証人の確保は喫緊の課題となる。実務の現場においては，家主側は，入居者が失踪した場合や，倒れた場合などに対応してくれる緊急連絡先が確保できていればよいなど，一定柔軟な運用をとる傾向もみられるという。この緊急連絡先を含めた保証人の問題をいかに解決していくかということを検討する必要があろう。

　このようにみてみると，現在の刑事司法領域における居住支援は，長らく更生保護施設のみであった状況と比すれば，全体として充実強化の方向に向かいつつあるとはいえそうだ。しかし，現状では，出所者の地域移行に資するものとまではなっておらず，課題はなお山積しているといえよう。

3　福祉が「住まう」を支える

　前節においてみてきたように，刑事司法領域が提供する居住支援策は，受

入れ定員がきわめて限定されている状態にある。そうであるとすれば，帰住先をもたない福祉的支援を要する出所者は，更生施設，救護施設[17]，無料低額宿泊所，養護老人ホーム，特別養護老人ホーム，住宅型有料老人ホーム，障害者のグループホーム，病院など，主に福祉領域が提供する居住支援の施設等にひとまず入居せざるを得ない（図6－②）。地域生活定着支援センターが実際に帰住先として調整した機関も半数以上が〈純粋な〉福祉機関となっている（図6－③）。

しかしながら，これまで刑事司法との接点をもってこなかった〈純粋な〉福祉機関の担い手にとっては，出所者の受入れには，いまだスティグマに関連した問題がつきまとう。入所型施設を運営する〈純粋な〉福祉機関のスタッフへの聴きとりをおこなうと，「前科○犯」や「○○罪」という資料だけを見ると，やはり「どんなおそろしい人がくるのか」と不安になると口を揃えていう。しかし，実際に面会して話をすると，たいていの場合に，その不安は解消されるという。また，「出所者とその他の利用者とで，おこなう支援は異なるのか」ということをたずねると，多くのケースで，入所後の数日は他の利用者よりも多めに声かけをするなどの気を配るが，その後はほとんどかわらないという回答を得ることが多い。

他方，出所者は，刑務所のなかで厳しい規則のもとにおかれ，非常に規則正しい生活を強いられる。3度の食事も時間どおりに提供され，洗濯を自らなすこともない。刑務所での生活が長ければ長いほど，「規則のない」生活に適応が難しくなっている場合もある[18]。本書第4章でも確認したように，福祉的な支援が必要な状態にあったにもかかわらず，福祉とのつながりをもってこないままに生きていた者も多い。したがって，ハウジングファーストが前提にあることに相違はないが[19]，強制的ではない範囲で，自立準備ホームや〈純粋な〉福祉機関の運営する施設や，一定の支援付き住宅など，ある程度段階的な移行が望ましい事例も考えられる[20]。

たとえば，特別調整における支援を例に考えると，大阪府下における流れは図6－④のようになるが，出所前の段階で住居の確保に費やせる時間は長くて半年程度となる。このあいだに住居だけではなく多くの生活環境調整をおこなわなければならない。また，刑務所のなかにいる対象者と，刑務所を

刑務所等からの出所

生活保護施設
更生施設
救護施設
宿泊提供施設
無料低額宿泊所
簡易宿泊所 etc

更生保護施設
自立準備ホーム

病院

障害者福祉施設
入所支援施設
障害者グループホーム
障害者ケアハウス
宿泊型自立訓練施設 etc

高齢者福祉施設
養護老人ホーム
特別養護老人ホーム
介護老人保健施設
軽費老人ホーム
有料老人ホーム
認知症対応グループホーム
サービス付き高齢者向け住宅 etc

その他
知人等宅
反社会勢力
24時間営業の飲食店
ネットカフェ
野宿生活 etc

児童福祉施設
児童養護施設
自立援助ホーム etc

婦人保護施設

自宅・アパート・公営住宅 etc

図6-② 出所者の帰住先イメージ

出典：著者作成。

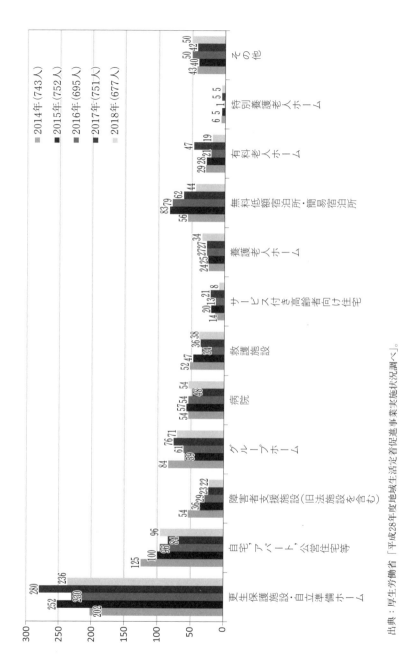

図6−③ 刑務所等を出し受入先に帰住した者の時点で居内訳

出典：厚生労働省「平成28年度地域生活者促進事業実施状況調べ」。

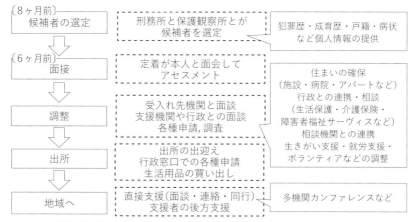

出典：大阪府地域生活定着支援センター資料をもとに著者作成。

図6－④　特別調整の流れ（大阪府における例）

出てからの対象者とでは，立ち居ふるまいや人柄を含めてまったく異なることも皆無でない[21]。出所の数日前に調整を迫られる事例もあり，中間施設への一時入所は，現行の制度枠組みやマンパワーの状態からは，現実的には非常に大きな意味をもつ。中間施設に入所中に，次の支援策を考えることもできるからである。このように考えると，本書第5章において整理した出所者の居住支援の4ステージの「①応急支援ステージ」および「②地域生活スタート支援ステージ」の段階に，社会復帰のプロセスとして，このような中間施設を位置づけていく必要性は大きい。

4　「住まう」を支えるために必要な支援

出所者への社会復帰支援を居住福祉の視点から考えた場合，あえて刑事司法の枠組みに限定して考えるのであれば，新たに多額の予算を投じて更生保護施設等を増設していくのではなく，空き家・空き部屋の活用ということをもあわせて考え，自立準備ホームを有効に運用していくことに一定の希望と

展望とを見出すことができる[22]。この自立準備ホームは，あらかじめ保護観察所に登録しておくことで，用途に応じて，自立準備ホームとして使うことも，たとえばこれまでどおりに野宿者支援等の一環として使うことも可能となり，柔軟な対応が可能となる。地域での「ふつうの住まい・ふつうの暮らし」は，やはり人間の尊厳という観点からも重要である。入所者は同じでも，「犯罪者を処遇する危険な施設」とは違った印象になり，地域住民との関係も良好に保て，地域経済の活性化につながる可能性をも秘めている（秋山2012：45）。生活支援の必要な人には一部通所のかたちをとることも考えられる。出所者の居住支援に必要なこともまた，特別な処遇施設ではなく，「ふつうの住まい・ふつうの暮らし」による地域社会での生活にこそある。現在の支援の方向は，刑務所等から中間施設に移行させることが目的化しているようにさえ見受けられるが，あくまで目指すべきは地域生活への移行にある。自立準備ホームをはじめとする中間施設を出所したあとの〈居場所〉，すなわち，「住まい」「日中の活動場所」「相談できる場所」の確保を含めた支援が求められている。

　また，刑務所等を出所した人がみな凶悪なモンスターというわけではない[23]。法務省がとくに推進する就労支援も，住まいの確保なくしては困難をきたすといえ，そのことと密接な関係にある[24]。生活の基盤としての住まいの確保を最優先に考えることによって当事者が自己の尊厳をとり戻し，自立を達成するうえで有効であると考えられる（全2015：156-157）[25]。住まいの確保をゴールではなく，最も優先すべきものとして捉え，尊厳のある生活を営むことこそが，犯罪からの社会復帰にもつながるはずである[26]。

　出所者の支援にあたっている団体には，もともと野宿者支援をおこなっていたところが多い。このことからもわかるように，その内実には共通点が多い。罪を犯していようがいまいが，生活に困窮する者を支援することに変わりはない。根底における問題の本質はつながっているといえる。まずは生活の拠点としての「住まい」を欠くことはできない。現代社会において住まいはさまざまな社会サーヴィスを享受するための前提条件であり，地域コミュニティの一員としての承認を得，生活を営むための必須条件とさえいえる。忘れてはならないことは，上から目線の見守りは監視につながるということ

である。真の目的は，社会における人間関係を含む安定的な生活の回復または維持にある。出所者を〈（元）犯罪者〉もしくは〈犯罪（再犯）者予備群〉として再犯防止を第一義的な目的に捉えるのではなく，ひとりの生活困窮者として支援の対象として捉え，その結果，再犯にいたらない，という構図を構築していく必要がある。

　そして，出所者の暮らしを地域で支えていくためには，地域における出所者に対する認識を変えていくことが不可欠となる。出所者支援という領域は，ソーシャルワークのなかでも新しい領域であるといえる。それゆえに，さまざまな支援のあり方を，ボトムアップ型で模索していく必要がある。そのためには，出所者が出所者ではなく，ひとりの隣人として，生活していくための〈緩やかな紐帯〉づくりが求められる（掛川 2018c：66）。

　著者は，ささしまサポートセンター事務局次長の橋本恵一とともに，2015年度から準備を始め，2016年度より出所者支援ネットワーク東海という活動をおこなっている（2018年度には一般社団法人としての法人格を取得）。連続学習会の開催を契機に，出所者支援にかかわるソーシャルワーカーなどが一堂に会することにより，これまでおこなわれてこなかった支援者同士の顔のみえる関係，ネットワークを構築するとともに，出所者問題の啓発に取り組んでいる。

　この連続学習会には，出所者支援に取り組むソーシャルワーカーのほか，刑務所の福祉専門官／社会福祉士，刑務官，保護観察官，弁護士，臨床心理士，記者，研究者，学生など，多様な参加者を得ることができ，日々，そのネットワークを拡げることを目指した活動を続けている。2018年度は「しゃば〜ル（しゃば＋バル）めぐり」と題したスタンプラリー方式の学習会をおこない，1ヶ所ではなく，名古屋市内に点在する複数のバーやカフェで開催することで，この問題に関心をもつ人びとを増やし，出所当事者と共生していくためのしゃば（地域）をつくる草の根の活動を展開してきた（**写真6−①**）。2019年度は「しゃばのかんづめ：しゃば〜ル2019」と題し，前年度の趣旨を引き継いだうえで，出所当事者と支援者とのあいだに生じる温度差，すなわち，ズレに焦点化し，それぞれの経験や想いを語り合うなかで，支援する側とされる側にあった壁を少しずつとり払っていくことを目標に掲げた

写真 6 －① 　2018年度の取り組みへの参加を呼びかけるチラシ

写真 6 －② 　2019年度の取り組みへの参加を呼びかけるチラシ

座談会をおこなってきた（**写真 6 －②**）。また，後援団体の協力を得て，愛知県内だけではなく，岐阜県，静岡県にも活動の範囲を拡げ，東海圏域における活動を発展させている。

　このような取り組みに対して，参加してくださった出所当事者のかたがたからは，「話すのはすこし不安だったけど，聞いてもらえるのは嬉しかった」「次回も声をかけてほしい」といった声が届けられている。最初は緊張した面持ちであることが多いが，ひとたび話し始めると嬉々としてしゃべってくださる。自分が主役になって，ポジティブな観点から話を聞いてもらう機会が著しく不足しているのであろう。結果的に，差別され，排除されてきた経験を「異なる他者」と語り合うことによって，「情動的な紐帯」がつくりだ

され，気がねなく語ることができる，無視されない，そして自分が幾度となく味わってきた感覚を知ってもらえることによって，アイデンティティの形成に厚みを加えることにつながっていった（吉原 2018：206）。そうして，副次的な効果として，出所当事者の語る場を設けることで，かれらの犯罪行為の再文脈化にも寄与する効果も得ている。こういった語りの場においても，その人の存在を承認していくように，ソーシャルワーカーが伴走することが求められる。

〔注〕
1） ①約 3 割の再犯者が約 6 割の犯罪を惹起し，②刑務所再入者のうち帰住先のなかった者の約 6 割が 1 年未満に再犯に及び，③保護観察中に無職であった者の再犯は有職者の約 5 倍にも及ぶ，という事情がこの背景には潜んでいる。
2） 2013 年には「『世界一安全な日本』創造戦略」（2013 年 12 月 10 日閣議決定）のなかで，「行き場のない刑務所出所者等の住居を確保するため，矯正施設収容中の生活環境の調整の充実強化，国が運営する自立更生促進センターにおける確実な受入れの促進，更生保護施設の受入れ機能の強化等を図るとともに，保護観察において，住居の確保に関する知識・情報に関する日常の生活指導を強化する」とし，2014 年にも「宣言：犯罪に戻らない・戻さない」（2014 年 12 月 16 日犯罪対策閣僚会議決定）のなかで，「矯正施設から出所した者，帰るべき場所がない者の一時的な居場所を確保するため，国が運営する自立更生促進センターにおける確実な受入れの推進，更生保護施設の受入れ機能の強化・施設整備の促進，自立準備ホーム等の多様な一時的帰住先の確保等の取組を推進する」として，社会における「居場所」の確保に大きな関心が払われている。
3） 2011 年の満期釈放者の帰住先をみると，構成比における「その他」の割合は 47.5％に及ぶ。出所の際に適当な帰住先をもたない者，帰住先を明らかにしない者等が含まれているため，その正確な割合を把握することは困難であるが，満期釈放者の半数近くが，家族や知人，適切な施設等に帰住していないことが予測される（犯罪白書 2012）。なお，満期釈放者のうち帰住先が「その他」で 3 ヶ月以内に再犯にいたる者は 51.4％に及ぶ。
4） 「住まい」と関連する論考を挙げるとすれば，更生保護施設についてのそれがみられる。だが，その内実は施設の運営者や保護観察官等が紹介するものに限定されており，内容的にも法務省の政策を紹介することに主眼をおい

たものとなっている。「居場所（＝住まい）」と「出番（＝仕事）」が焦点化されてからもなお，実務や学界における関心は，主に「就労の確保と継続」に傾斜してきたといえよう（たとえば，法務省保護局社会復帰支援室（2015））。また，犯罪対策閣僚会議以降，「住居」と「就労」をひとまとめに「生活の基盤」ということばや「社会復帰支援」ということばのなかに埋め込まれて論じられる傾向がみられる。

5） 数値はいずれも2019年4月1日時点のものである。

6） 103の更生保護施設のうち，100が更生保護法人によって運営されている。更生保護法人の代表者は矯正関係の出身者であることが多く，〈処遇〉の延長として捉えられていることが多いように思われる。対して，社会福祉法人が運営する「雲仙・虹」では，いわば〈福祉〉の延長として〈支援〉を実施している（たとえば，前田（2013））。

7） 更生保護施設における処遇の実態については，今福（2002）を参照されたい。

8） なお，更生保護施設の位置づけについては，近年大きな路線変更が行われている。2000年の矯正保護審議会による提言「21世紀における矯正運営及び更生保護の在り方について」によって効果的な保護観察処遇実践の場としての機能が，2006年の更生保護のあり方を考える有識者会議による「更生保護制度改革の提言：安全・安心の国づくり，地域づくりを目指して」によって再犯防止する処遇機能が，そして2009年の更生保護施設検討会報告によって前2提言よりも広範な指導監督的な処遇機能が強調されることになってきた。このように更生保護施設は，かつての行き場のない矯正施設等出所者への衣食住の提供といった生活基盤の確保や就労支援といった補導援護的な役割から，指導監督的な処遇施設へと変貌を遂げつつあるといえる。また，本書第4章で紹介したBは，「（更生保護施設での生活を刑務所でのそれと対比させ）一人部屋でさ，そのやっぱ，刑務所とあんまり変われへんわ。……朝6時起床とかさ，時間決まって。ただ，たばこも吸えたし，酒は飲めんかったよね。だけど，その内緒で飲んでたらわからんような人もおるわ。……結局，何，食べるのもみんなタダで刑務所と一緒。そういうあれでさ。ただ，白い飯が食えただけで」と，更生保護施設での生活をふり返っている。実態としても，社会復帰ではなく，更生保護の処遇の一部としての社会福祉の職員が処遇に従事しているという指摘もある（田島 2009：64）。

9） 詳しくは，掛川（2018b）を参照されたい。

10） 福祉専門官は常勤の社会福祉士であり，非常勤の社会福祉士は単に社会福祉士と表記される。

11） この地域生活定着支援センターの運営実態については，掛川（2020）を

参照されたい。

12) この地域間格差については，シェルターなどの一時保護所についても同じことがいえる。たとえば，本書第4章のAの事例では，Aの居住する地方中小都市には一時保護所等の社会資源が整っておらず，神社の賽銭泥棒や農業倉庫からの米の置き引きをくり返した。

13) 出口支援とは，刑務所等を出所したあと，刑事司法手続きにおける「出口」段階での支援を，入口支援とは，被疑者・被告人段階，刑事司法手続きにおける「入口」の支援を指す。

14) 本書第4章のCの事例では，刑務所出所前に更生保護施設への入所を勧められたが，出所日が土曜日であり公官庁が閉まっており，出所後わずか2日で路頭に迷い，刑務所に「帰る」ために再犯にいたったという。このような事例でも，出所日が何曜日であるかということはカレンダーを見さえすれば事前にわかることであり，NPO等との連携がとれておれば防げた再犯であるといえよう。逆に，EやFの事例では，刑務所の社会福祉士が事前にNPOに受入れを要請し，適切な支援がおこなわれた例であったといえる。

15) 更生保護法85条1項には，この「入口」支援に対応できる多様な規定が定められている。住まいの確保をはじめ，福祉的サーヴィスの受給など，保護観察所が関係機関との事前調整をおこない，ダイヴァージョンを活性化させることで，矯正施設等への入所そのものを抑制していく必要があろう。

16) 居住支援法人とは，住宅確保要配慮者居住支援法人の略称であり，住宅確保要配慮者(低額所得者，被災者，高齢者，障害者，子どもを養育する者，その他住宅の確保にとくに配慮を要する者）の民間賃貸住宅への円滑な入居の促進を図るため，住宅確保要配慮者に対し家賃債務保証の提供，賃貸住宅への入居に係る住宅情報の提供・相談，見守りなどの生活支援等を実施する法人として都道府県が指定するものをいう(住宅セーフティネット法40条)。

17) とくに，救護施設は，高齢・障害・生活困窮等といった社会的弱者を分け隔てなく受け入れる施設として，これまでにも出所者を受け入れてきた実績がある。詳しくは，掛川（2018a）を参照されたい。

18) 浜井（2006）は，このような状態を「刑務所太郎」と形容する。

19) 稲葉剛らを中心としたハウジングファースト東京プロジェクトでは，「まずは施設に」という支援スタイルではなく，既存のアパートを支援住宅として活用し細やかな支援を展開する〈https://www.mdm.or.jp/project/103/　最終閲覧日2017年11月30日〉。孤立させない支援が可能になれば，最初から施設を選択するのではなく，居宅での生活をスタートさせるべきであえると考える。たとえば，本書第4章のAなどは，一般的な生活能力は十分に備えており，ハウジングファースト型の支援が適した事例として分類できるであ

ろう。

20)　たとえば，本書第4章において「言い方が変ですけど，『刑務所しか，も
う行くとこないから』っていうので，逆に戻りたいから，喧嘩したみたいな。
戻りたいっていうか，自分ではどうしていいかわからなくて，帰るとこがな
かったので，『しょうがねえな』と思って。『殴ったら，戻れるかな』みたい
な気持ちもあった」と語っていたCなどがこのタイプに分類されるだろう。

21)　拘禁下において受刑者本人にとっての関心事は，いつ出所できるかとい
うことに終始する。すべてが刑事司法の論理のなかで展開され，拒否する権
利は基本的には与えられていない。自分の利益になりそうなものには従って
おく，ということが一般的な傾向だといわれる。

22)　総務省の実施した「平成25年住宅・土地統計調査」によれば，2013年の
空き家数は820万戸，空き家率（総住宅数に占める空き家の割合）は13.5%
と過去最高を更新しているといわれている。また現に「『空家等に関する施
策を総合的かつ計画的に実施するための基本的な指針』（平成27年2月26日
付け総務省・国土交通省告示第1号）【参考資料】空家等対策に係る関連施
策等（個票）」においても自立準備ホームの考え方が参照されている。

23)　刑事司法領域においては，出所者を〈（元）犯罪者〉もしくは〈犯罪（再
犯）者予備群〉としてラベリングしがちであるが，福祉領域においてはひと
りの生活困窮者として支援の対象として捉えられることが多いように感じら
れる。

24)　この点については，本書第1章第3節を参照されたい。

25)　他方，法務省は，住居不定の状態を「動的再犯危険因子」として捉える（染
田 2015：211）。住宅確保等の生活支援をおこなうことが，再犯を防止する
うえで重要である，という再犯防止の観点からのアプローチである。

26)　Social Exclusion Unit（2002）においても，13章「住宅」において，刑事
司法システムのなかで，住宅問題が不当に軽視されてきた結果，事態の悪化
を招いてきたことが指摘されている。

第7章

地域における出所者支援の最前線

1　出所者に特化した伴走型支援のパイオニア[1]
──◆認定特定非営利活動法人静岡司法福祉ネット明日の空◆──

（1）　認定特定非営利活動法人静岡司法福祉ネット明日の空の支援体制

　一部の刑務所に社会福祉士が配置されるようになった2004年から10年が経過した2014年。おそらく日本ではじめて，（成人の）出所者支援を専門とする支援団体が静岡の地で産声をあげる。特定非営利活動法人静岡司法福祉ネット明日の空だ。弁護士である荻大祐が自ら経営する法律事務所の社会福祉士として，飯田智子を雇い入れるかたちで存立している。運営は飯田と荻を中心に，社会福祉士，弁護士，理学療法士等のボランティアスタッフによっておこなわれている。設立5年の年にあたる2019年に「認定」を受け，認定特定非営利活動法人静岡司法福祉ネット明日の空となっている。

　住む場所がないクライエントに対しては，3室のシェルターを用意している。このシェルターはもともと，外壁にツタが覆い，室内はススだらけになっていた借り手のないアパートを，清掃して人が住めるような状態にし，飯田たちの活動に理解のある大家から安価で借りている。明日の空の支援を受けながら，生活保護を受給したり，就活をしながら，生活を立て直してい

る。シェルター部分以外の数室にも，保証人なしで賃貸できる物件として，シェルターの卒業生等が住んでいる。初期費用はすべて荻が自ら捻出した資金で補っている。また，静岡司法福祉ネット明日の空の支援を受けた卒業生が集える場としての「あかね雲の会」や「スカイシアター」といったイベントも定期的に開催している。

　この静岡司法福祉ネット明日の空では，現在までに入口・出口をあわせて約150名の出所者等を支援してきた実績がある。

（2）　静岡司法福祉ネット明日の空の設立経緯

　静岡司法福祉ネット明日の空の活動の中核を担う飯田は，デパートの従業員として勤務したあと，ソーシャルワークの世界に足を踏み入れる。高齢者，障害者，児童等の施設をはじめとした現場を経験したのちに，静岡県地域生活定着支援センターにおいて勤務することになる。

　「老人ホームで働いてたときも，家族がいて頻繁に面会にきてもらえる入所者と，家族がいない，家族がいても誰も面会に来てくれない入所者に分かれるわけですね。そっちの誰も面会に来てくれない入所者に，すごく自分の気持ちを持っていかれるんです。障害者施設にいっても，休みのたびに家族が迎えに来てお家に帰れる人たちと，そうじゃない人たちがいる。やっぱりそっちのほうが気になるみたいな，少ないんだけど，そっちに自分がひかれるんです」

　飯田は，福祉における多様な領域での現場を経験するなかで，孤立した状態にあった人びとに想いを重ねていった。2009年に静岡県の地域生活定着支援センターを飯田が勤めていた社会福祉法人あしたか太陽の丘が受託し，その法人内の人事異動で，地域生活定着支援センターに配属され，出所者支援と出逢うことになる。

　「今までは福祉分野の人とかかわることが多かったんですけれども，定着支援センターに行ってからは，司法分野の人とかかわるようになったんですね。定着支援センターは保護観察所との協働で仕事を進めていくので，保護観察所とか

刑務所とか，今までかかわったことのない人たちと会議をやることになってふ
つうに話をするんだけど，お互いにわかんないんです，言葉が。意味がわから
ない。用語がわからないし，考え方も違うし。非常に困惑してこれは勉強会を
やらなくちゃいけないよねっていう話が出たぐらいで。当時，刑務所と保護観
察所はあまり交流ができていなくて，それでは誤解も生じるし，それじゃ連携
できないでしょうっていうことで飲み会を設定したりして，仲良くなったりと
かって，そういうこともありました」

　孤立した人びとに共感することの多かった飯田だが，刑事司法とのかかわ
りをもったのは地域生活定着支援センターに異動してきたときがはじめて
で，まさに異文化との交流というかたちで戸惑いが多かったという。

「わたしが定着支援センターのとき，平成22（2010）年のころに，勉強会で知り
合った弁護士から，裁判員裁判の被告人にどうやら知的障害があるようだって
いうことで，でも一見，障害があるようには見えないし，一体，知的障害って
いうのはどういう障害なんだろうっていって相談があったんです。それで情状
証人として出てくださいっていう依頼があって，裁判員裁判でわたしが証言を
したりしたんですけれども，結果としては実刑になってしまいました。本人が
出てくるまでずっと勉強会を続けていこうよと弁護士から言われ，やるかって
いうような感じでその後も面会や手紙のやりとりも続けてきました。かれは，
わたしが身元引受人になり，平成30（2018）年に出所しています。その弁護士
が独立するにあたって，自分の法律事務所に社会福祉士としてきてほしいと言
われ，悩んだ末に，定着支援センターと刑務所を平成26（2014）年3月に退職
しました。刑務所で福祉の支援が必要な人を支援するっていう仕事にめぐり合っ
て，ようやく自分のやりたい，本当にやりたいことがみつかって，ずっとこの
仕事をやっていきたいなって思って，法律事務所での勤務開始と同時にNPOを
立ち上げたっていう感じです」

　2014年に静岡刑務所に社会福祉士が配属されるようになり，その社会福祉
士のポストに欠員が出たため，飯田に声がかかり，静岡県地域生活定着支援

センターとの兼務で１年間勤務したのちに，静岡司法福祉ネット明日の空を立ち上げることになったわけである。

（3）　よりどころとなる伴走型支援の実践

　飯田らは，徹底してクライエントによりそう伴走型支援を展開している（奥田ほか 2014）。支援の端緒は，弁護人やクライエント自身からの依頼によるものが多いという。

　「NPO を立ち上げたころは，検察庁からの依頼のほうが多かったんですけど，今は検察庁に社会福祉士が配置されるようになったので，検察庁からの依頼はなくなったんですけれども，検察庁の社会福祉士とは連携しています。現在は，弁護人からの依頼と，たまに保護観察所とか福祉機関とかご家族だとか，あるいは，どっからか口コミでご本人から，ご本人が勾留されてる先からとか，刑務所から手紙をくれたりとかもします。弁護人からの依頼の場合は，最初は，A４に半分もないような情報しかもらえません。直接勾留中の本人に会いに行って，話をして，支援を受けたいって本人が言えば，そこから，あなたはなかにいてできないから，わたしが今，外にいてできることを，こういうふうに進めていきますね，これからのことを一緒に考えていきましょうというような話を，本人と相談しながらやっていきます」

　クライエントのほとんどが帰住先も収入源ももたないため，本人が希望する帰住先の地域の福祉事務所等に行って，生活保護その他の福祉サーヴィス等の調整をおこなう。入口支援の場合は，地域生活定着支援センターでおこなう場合と大きく条件は変わらないが，出口支援の場合には，地域生活定着支援センターがおこなう面談は，特別の部屋が用意され，一定の時間が確保され，保護観察所を通じて事前に身上調書などのある程度の情報をもとにできるが，その他の一般の機関がおこなう場合には，アクリル板越しに，限られた時間のなかで，情報もきわめて少ないところからのスタートとなる。

　「障害をもってない人もいますし，年齢的に高齢者じゃない人もいますし，支援

対象者はいろいろですね。話をして，障害あるだろうな，この人って思っても，障害者として生きるっていうふうには，この方は言わないだろうなっていう方もいるし，話をしてみて，話ができそうな場合には手帳をとるための検査や手続きについての話もします。そういうのがあったんですねって，もしかして自分，それにあてはまるかもしれないんで，ちょっと検査を受けてみたいです，って言う人もいます」

　クライエントが希望すれば，障害福祉サーヴィスにつなぐことができるが，もし本人がそれを希望しなかった場合，利用できる福祉サーヴィスがごく限られたものになってしまう。それでも匙を投げてしまうのではなく，よりどころとなれるように支援を継続していく。

「今までの人生で人に相談するっていうことをしてないかた，人生うまくいかなかったっていう人がほとんどなので，相談するということは恥ずかしいことじゃなくて，みんな，家族や友だちに些細なことでも相談しながらすごしていること，これから先の人生，誰かに相談する，相談する人いるんだよっていうことをお伝えして，それでやっていく。迷いながら，手探りでやってくっていう感じですかね」

　決して恵まれているとはいえない情況のなかで，飯田は，クライエントといかに信頼関係をつくっていくのか。

「信頼関係ってなかなか難しい。他人を信じるのも難しい。わたし自身は，あなたを信じると言うのも言われるのも苦手です。なんだか信頼を押しつけられているように感じてしまう。かれらは今まで散々ひどい目に遭ってきた人たちなんで，怖くて信じられないと思います。わたしは自分の責任において信じるだけだし，相手に自分を信じろと強制したくないと思っています。今まで社会に期待できずにいた人は，福祉や支援と言われても簡単には信じられないと思います。あと，逮捕以降にかれらのまわりにいる人は警官や検事であったりとか，刑務官であったりとか，上下関係ができてるわけじゃないですか。指示とか命

令とかっていうかたちで関係が成り立ってるので，わたしはそういう関係には
なりたくないので，ふつうの会話，どっちでもいいですよって，ご自分で選ん
でくださって大丈夫ですよという感じで，こうしてくださいとか，こうしなさ
いとか，そういうことはいっさい言わないです。本音で言ってもらっても大丈
夫です。自分の人生なので自分で考えて自分で選んでくださいって」

「強制をしない」というのは，一見，あたりまえのことではあるが，出所
者支援の局面では意外に難しい。刑務所において，「自分で考え，自分で決
める」ということを，徹底的に否定されてきた人びとには，自ら決めること
が苦手であることが多いし，どうせいっても聞き入れてはもらえないという
あきらめに似た感覚をもっていることも少なくない。

「そんなに多い選択肢があるわけじゃないですけど，限られた選択肢で，これを
選んだらこういうことになったりと，メリット・デメリットをわたしの主観で
あるということの注釈を入れながら，知る限りのことを具体的に情報提供して，
わからないことはわからないって言って，選んでもらって。短い勾留期間のな
かでは，十分な時間はとれませんが，なるべく数日おいて回答をもらうように
しています。失敗したら失敗したで，うまくいかなかったらうまくいかなかっ
たで，また考えましょうっていうような感じですね。……それが正しい選択，
客観的にみて正しい選択じゃないなとか思ったとしても，ご本人がそれを選ぶ
んだったら，情報提供したうえでそれを選ぶんだったら，ある意味，失敗する
権利を奪うことはわたしたちにはできないので，こっちが失敗するんじゃない
のかなって思ったとしても，本人がそれを選ぶんだったら，それはそれでしょ
うがない。失敗したら，また支援すればいいとわたしは思います」

再犯率の高さによって出所者支援の効果を測ろうとすると，それは支援の
失敗とみられてしまいがちであるが，決してそれは失敗ではない。これまで
の支援を見直すきっかけにすぎないわけである。このように考えていくと，
とくに累犯者が，地域のなかでふつうの暮らしをおくるためには，長い時間
を要することが多い。

「支援が必要な状況，たとえば家もないし，お金もないし，仕事もないし，身寄りもないし，身分証明書も通帳も携帯電話もない。ないない尽くしのときは，誰かの支援が必要で，きっかけをつくってもらわないと，一人で先に進むのがなかなか難しい。そこらへんの基盤が整い，ふつうに暮らせるようになったら一応支援は終わり。支援は終わりなんだけど，そこで人と人との関係が始まるので，本人が嫌がらない限り，あるいは，支援というか，関係をもちたくないんですって言わない限りは，ずっとですね。かかわり続けていくなかで，また相談ごとがでてくることもあります。(現時点で，長い人だと) 10年くらいですかね」

　しばしば，福祉の支援に終わりはないといわれる。だが，飯田は「ふつうに暮らせるようになったら一応支援は終わり」だという。そのうえで，「支援は終わりなんだけど，そこで人と人との関係が始まる」と強調する。「人と人との関係」に移行してもなおかかわり続けるというのが，出所者支援に求められる覚悟のようなものであると思われる[2]。

　「わたしと出会ってから4回再犯した人がいます。1回目，『支援いいです，自分，帰る所あるんで』って言って。20代の男の方ですけども，『自分は前いた職場に帰ってこいって言われてんで帰ります』とのことで，『困ったら思い出してくださいね』なんて言っていました。結局，その職場で受け入れてくれなくて，かれは困っちゃった。2回目に逮捕されたときに，支援お願いしますって弁護人を通じて言ってきた。かれには知的障害があったんで，希望に従って手帳を取得して支援をしたんだけど，いなくなっちゃって，また再犯しちゃった。3回目のときも，弁護人に支援を希望したけど，何度も迷惑をかけるなと，連絡してもらえなかったらしいです。4回目のときに，刑務所から手紙が来ました。今度こそ，とか書いて。刑務所の福祉専門官と連携をとり，特別調整の対象にも選定され，定着支援センターとも連携をとりながら今も支援してます。……(再犯を知ったときにわいてくる気持ちは) 自分が足りなかったかなって。自分の支援のやり方が間違っていたかなっていうのも思うし。……ちょっと残念かなとは思うけど，しょうがないなって思いますね」

むろん，再犯をくり返す人とも付き合い続ける。そして飯田は，再犯をくり返す人びととの付き合い方について，以下のように考える。

「自分とは違う人なんだっていうことですね。自分の思いどおりにはならない，もちろん。ならないし，自分の常識だとか，これがふつうだよねっていうことは，それぞれ常識も違うし，それぞれふつうも違うなかで，それにあてはめることはできないなっていうことです」

　支援者の常識でクライアントを抑えこまずに，クライアント自身の納得を大事にしているともいえる。ひとりの人生のよりどころになる伴走型の支援を展開する飯田らにとって，今後，何が課題となってくるのか。

「弁護人が，自分が会った被疑者・被告人に対して，この人，どうなっちゃうんだろうっていう想像力を発揮してくれれば支援につながりやすい。なので弁護人にとって更生支援をすることがメリットになる仕組みがあればいいと思います。あとは，NPOだからか，刑務所との連携がとりづらく，実刑になると支援が途切れてしまうのが課題だと思っています」

　刑事司法と福祉との連携を考えるうえで，刑事司法と福祉とが対等なパートナーとして協働していくためには，刑事司法の側のあゆみよりが不可欠となる。

「今までの高齢，障害，児童における支援もそうなんですけど，ないっていう人のほうが多かったんで，いろんなものをもってる人じゃなくて，いろんなものをもってない人に関心がいってたんですけど，見事に何もない。厳しい環境や生きづらさは他の領域でも共通にありますが，出所者支援の領域では福祉からも排除を受けやすいと思います。つらいことがいっぱいあって，子ども時代を被害者として生きてきた人も少なくない。生まれてきて，しんどいことばっかりりで，生まれてこなきゃよかったとかいうまま人生を終えてほしくないので，一瞬でも生きててよかったなとか生まれてきてよかったなって，誰にも思って

もらいたいので，そのきっかけになればなとは思ってますね」

　ただ生きるために罪を犯すのではなく，ただ生きることを支えていく。そのことがより色濃く反映されるのが出所者支援なのかもしれない。

2　存在の支援[3]
── ◆特定非営利活動法人ささしまサポートセンター◆ ──

（1）　特定非営利活動法人ささしまサポートセンターの支援体制

　特定非営利活動法人ささしまサポートセンターは，主に名古屋で路上生活をしている人たちの支援をおこなってきた団体である。1976年の年の瀬に，名古屋駅周辺で野宿をしている日雇労働者が凍死や餓死をしたという報道があり，その報道を見たボランティア有志が，おにぎりとみそ汁を配り始めたというのが，その活動の原点となっている。1985年には，医療面での支援を強化するために，ボランティアの医師らが笹島診療所を設立し，ホームレスへの無料診察などを実施しながら，生活保護をはじめとする福祉施策に適切につながるような支援活動に取り組んできた。2012年には，野宿生活者をはじめとする生活困窮者がその人らしい生活を営めるよう，個々によりそいながら医療相談や生活上の支援等をおこない，誰もが地域でともに生きられ，居場所をもてるような社会を目指して活動を展開する現在のかたちへと発展している。

　現在は，生活医療相談事業（野宿者・生活困窮者の相談），地域生活支援・居場所づくり事業(再野宿化・社会的孤立化防止活動)，就労準備支援事業(地域清掃や就労体験)，居住支援活動事業（アパート生活移行支援・居住場所提供），啓蒙・啓発事業（市民向け講演会開催），貧困連鎖の防止事業（学習支援・アフターフォロー）などをおこなっている。出所者支援についても，これらの法人の活動の一環として位置づけられ，主に，事務局次長である橋本恵一によって担われている。出所者支援については，刑務所の福祉専門官

や社会福祉士からの直接の依頼や，被疑者・被告人の弁護人からの依頼，本人からの手紙などによる直接の依頼などがその端緒となる。

現在までに，入口・出口をあわせて約30名の出所者等を支援してきた実績がある。

（2）　野宿者支援と出所者支援

橋本は，小学生のころから母親に連れられて，地元の千葉から名古屋の越冬活動に参加するなど，一風変わった，ある意味では，生活困窮者支援の英才教育を受けて育ってきている。最初は，単に大人たちに褒めてもらえるのがうれしかっただけだったというが，全寮制の高校，写真の専門学校などを経て，生活困窮者支援の世界に本格的に足を踏み入れる。

「今，ささしまサポートセンターというところで働いていますけれども，同じような活動してるささしま共生会というところで，ボクは，前，勤めていて，そこで刑務所から連絡があったのが，一番最初の出所者にかんする支援のきっかけだったんですよね。その人，刑務所から依頼があった人は，受刑中にガンを患っていて，出たあと，医療を継続する必要があるって言われたのと，住む家についての相談みたいなかたちだったんですけれども，ちょうど同じころに，受刑はしてなかったけど長くホームレス状態をしていた人が，ガンで通院というか，入院と通院を組み合わせてたのに，ボクは付き合ってたんです。そういう意味では，居住のところがクリアできれば，刑務所から相談があった人っていうのは，まぁまぁ見通せるかなっていう感覚はあって，そういうふうに進めていったんです。アパートの大家さんに言って，部屋，確保して，病院は出てきたあとにしか，どっちにしたってつなげることはできないからっていうのでやったのがもう5年ぐらい前の話です」

これまで直接のかかわりのなかった刑務所から，突然電話で依頼を受けたのが出所者支援のはじまりだったという。

「全然イメージできないというか，刑務所がどんなところかもわかんなければ，

……電話くれた人が何をやってる人なのかも，ちょっとわからないところはありました。……怖いかもしれないというのは，多分，心のなかではあったと思うんですけど，なんせ，本人を全然介さないやりとりだったので，そこのイメージさえもわいてなかったっていうのが多分，正直なところです」

　驚きはあったが，怖さはとくになかったという。直接は，クライエント自身を介さずに支援が組み立てられていくこともあるというのはかなり特異なことであろう。

「手紙のやりとりを結構，ボクが多分ね，1回か2回しか送ってないんですけど，その人からは3通か4通ぐらいもらってるんですよ。ものすごく，切迫感じゃないけれども，何か，そういう強い思いみたいなものをその手紙からは感じました。（実際に会ったときの第一印象は）貧相なおじさんって言ったら失礼かもしれないですけど，体の線の細い人で，よくしゃべるなっていう印象はありましたね。そういう意味では，怖さみたいなものは，そんなになかったです。（ひとり目がかれだったから，怖さをもたずにできたっていうところも，）おおいにあると思います。……当事者との信頼関係というよりかは，頼んでくる福祉専門官との関係でなりたってると言わざるを得ないところはあります」

　支援を担うソーシャルワーカーにとって，はじめて支援を担当するクライエントがどのような人であるかということは，その後，類似の属性の人をクライエントとして迎え入れることができるかどうかという大きな分岐点となる。

「出所者支援を始めようと思ったというよりは，ホームレス状態の人の相談でもそうなんですけど，その人の背景というか，どういうふうに生きて，どういうふうな家族構成でとか，どういう職歴があって，どういう生活歴があってっていうのを聞いてるなかで，……実は，野宿になるかもしれないとか，住居を失うことによる生活が安定しない感じっていうのは，ホームレス状態の人に対しての支援だとかと，出所者に対する支援っていうのは，共通項がすごい多いん

だろうなっていうのを気づいたというか，気づかされたというか。……後々，考えてみたりだとか，そういう見方で話していると，刑務所に入っていた人は多分，一定数いるんだろうなというのを感じたし，かつ，何人かは，刑務所に入ってたみたいな話をした人は何人かいました。……ホームレス状態になりそうな人，刑務所に行きそうな人っていうのは，わりと，どっちにもなり得るっていう感覚はあります。……出所者だからそうしてる，ほかのホームレス状態の人の支援だったらそうはしないとかっていう，出所者とそれ以外の支援対象者との接し方の違いみたいなのっては，多分，ほとんどないですね」

　橋本（2016：43）は，ホームレス支援を「『人外』の存在であったホームレス——とはいわれていなかったであろう，『浮浪者』や『ルンペン』，『乞食』と呼ばれていた人びとと——に対する食事の配布，居住権の獲得，労働条件の改善・行政に対する対応改善の要求，医療，居住等，生活に必須の状況や環境を確保していく支援」だと捉えている。そのうえで，「出所後すぐに路上へ『放り出され』てしまうのは，野宿の恐れとなる人びとであ」ると位置づけ，野宿者支援と出所者支援との不可分性を強調している。野宿者支援と出所者支援とはかなり隣接し，重なり合う部分の多い領域であるといってよいだろう。

（3）　存在の支援の実践

　野宿者支援との類似性を強調するなかで，出所者支援という局面において橋本は，どこに着目してアセスメントをおこなっているのか。

「受刑中の面談にかんしては，何をその本人がしたいのかということと，どういう状況を避けたいのかみたいなのを聞くようにしてます。それにもとづいて，これまで，その希望したことをやってきたかとか，『どうしたい？』みたいなのは聞いてるかなと。医療とかも，課題がある人も結構いるので。……でも，本人からはあまり出てこない。たぶんね，相手がイメージできてないっていうか，何を聞いたらいいのかがわかんない場合が多いんじゃないかなっていうふうに推測してるんです。ボクはいろいろ質問するんですけど，本人から，要望みた

いなのはもちろんありますけど，でも，これからこうしていきたいみたいなのっていうのは，あまりないかなという感じはします。……本人の希望よりも刑務所側の福祉専門官のニーズかなっというときもあります」

「『聞く』ことは『答えを迫る』という行為」でもあり，「待つ」ということも必要である（寺本 2008a：164）。しかし，限られた時間のなかで，本人からの「希望」が出されないなかで，「どういう状況を避けたいのか」という視点は重要であろう。

「本人の同意が取れてれば，刑務所でつくる経過シートというか，フェイスシートと，生活歴みたいなのが載ったやつ，既往歴だとか，家族構成だとか，所持金だとか，いわゆる公文書みたいな，刑務所長名のやつもある人もいれば，面談のあとじゃないとそれがお渡しできないっていうところもある。かといって，刑務所側がつくった資料があるからといって，情報が豊富にあるかっていうと，ボクは，そうは思わないかなっていう感じはしますね。……ある程度の客観的な情報と，刑務所が処遇するうえでの，ちょっと意地悪な見方をした鑑別技官，心理技官の見立てみたいな。大体，すげぇ悪い奴みたいに書いてあるけど，性格悪いんちゃうかな，みたいなこと。はっきり言うと，多分，あまりあてにならないっていうのがボクの感覚です」

　刑務所における身上調書の類は，その人を受刑者として処遇するための〈悪のドラマ化〉[4]が施されたその人の情報にすぎない。〈処遇〉するためには役に立つのかもしれないが，〈支援〉するためには参考程度にしかならない。

「出所までは1回の面談しかもてないことも多い。……それまではボクらの団体でシェルターと呼んでいる宿泊施設を（2室）提供できたので，そこで1回，ワンクッションおいて，ご本人の話をもうちょっと細かく聞こうかなということができたんですけれど。そういうので，基本的にはシェルターに入ってもらってとか，あるいは，ボクのほうで探して，アパートだとか，そういう宿泊施設なんかの段取りを最初に組んでおくっていうこともしてました。でも，今，ゼ

ロなので，その辺のやりにくさはあれなんです」

　ある取り組みが公の制度にあてはめられると，枠組みが設けられることになり，使い勝手が悪くなる。

「もともとやってたシェルターが，実は8月から名古屋市の委託事業の組み換えじゃないけれども，委託事業（生活困窮者の一時生活支援事業）を受託したことによって，機能的には果たされているかなみたいな。どっちにしろ，シェルターにしても委託事業にしても，ボクがかかわっている関係があって，どっちもやるってことが難しくなったっていうのが理由ですかね……要は，今までささしまがもってたシェルターをたたんだっていうような経過。もともとのをたたんで，新しい所を5室もったけど，それは一時生活事業でしか使えないから，出所者支援という文脈では使えないという。……制度の難しさみたいなのが出てくる。どっちかというと，宿所の提供の事業なので，事業者として見守りだとかは，食事の提供とかはやるんですが，基本的に3ヶ月利用できる枠組みは，名古屋市内にある自立相談窓口からしか入れない。一方で，その自立相談窓口も閉まってる時間があって，そのあいだであれば受託事業者のボクらが受入れをして，翌開庁日まで，少なくて1泊，長くても2，3泊になります，使えるとしたら。土曜の午後5時までは開いてるから，午後5時以降，あるいは日曜日に宿泊が必要な人。ボクらのハードルはぐっと上がったっていう感じ」

　では，再犯については，どのように捉えているのか。

「（裏切られたって感覚は，）あまりないですね。前後というか，その経過にもよりますけど，しょうがないなっていう場合もあるし，どっちかというと，逆にそこを再犯という結果になってしまった自分の瑕疵というか，何かできたことないかなみたいなのは。結局，できたことないかなっていうのも，何となくボク自身のなかで答えがわかっていて，かかわる時間が少なかったとかっていうのかなと思うんです。……再犯しないっていうことが，たとえば質の高い支援だとした場合に，質の高い支援をおこなうには，それなりの時間がないと質の

高い支援には結果的にはならないのかなっていうのは，思うところはたくさん
あります」

目指すべき支援のかたちは，どこにあるのか。

「多分，本人が，こういう生活したいんだっていうのに気づいたときというか，
フィットしたというか，新たにみつけたという人も，多分，なかにはいるんで
すけども，そういうときに逮捕・勾留によって好きなことができなくなること
の損失というのか，機会のなさというのか，アクセスのなさというか，そうい
うところは，抑止というか，わかんないですけどね，きっとそう解釈している
面は，ボク自身があるだろうなと思います。本人が自覚してるかどうかはとも
かく。……おそらく，『フィット』みたいなことばのイメージなんですけれども，
自分がこういう生活をし続けることの価値みたいなのを本人が自分で感じられ
るかっていうことと，その結果，再犯していない状態っていうか。……これま
での逮捕・勾留とか，窃盗なんかをみていると，どうにもなんなくなって，本
人は言わないかもしれないけど，結果的には勾留されることが，ある種の安心
みたいなところがあると思うんです。……ボクも（再犯しないことを）目的と
はしてないし，かれ自身も，再犯してないことに，どれだけの価値があるかを
わかってるかどうかも危ういところがあるんですけれども，再犯していない状
態を続けていけるだけのリズム，生活をつくっていくっていうのはあるかもし
れないです」

　再犯をしないということは，薬物依存症等からの回復を語るときに，「今
日一日」が重要視され，薬物を使わない状態を続けることが回復である，と
いうことと似ているのかもしれない。クライエント自身の意識無意識は問わ
ず，再犯をしなくて済む状態を継続していくための動機——社会生活につな
ぎとめるための何か——が生活のなかに生じてくることが重要になってく
る。留置場や拘置所，刑務所の生活よりも，社会での生活のほうが居心地が
よく，もう二度とそういった拘禁生活をおくりたくないと思える何かが必要
なのである。とくに，知的に障害が認められたり，課題を抱える累犯者に

とって，それを言語化していくことはより困難だからこそ，ソーシャルワーカーは，その何かを時間をかけてみつけだしていくことが求められるのだ。

「最初にこういう，ボクが仕事だとか活動を始めたころとは，だんだん考え方がボク自身も変わってるんですけれども，よりよい生活みたいなのが，何か絶対的な指標みたいなのがあって，そこを一つひとつグレードアップというかレベルアップしていくみたいなイメージだったものが，そういう絶対的な指標みたいなものがなくなったというか，主観的に，いい生活っていうのは本当に主観なんだなっていうことだと思うんです。再犯したから裏切られたとは思わないんですけど，再犯した結果とか，その行為の責任はかれ自身がとるので，ボクは逮捕・勾留もされないし，それによる損失というか，好きなことができないとかの制限もないので，というところの切り離しができるようになったかなっていうのはあります。……本人が責任をとる。困窮者の支援のなかでもいわれることですけど，セーフティーネット型っていう社会保障だとか福祉の概念と，ガードレール型って，失敗させないっていう，失敗する機会さえもまわりで奪っていくということに気がついたというか。……生活の質の向上みたいなのを是としたときに，果たしてかれ自身が，……必ずしもそれを望んでるかっちゅうところですよね。本人が何を望んでるかって推測したときに，ほっといてくれの人も，やっぱりいるんじゃないかなっていうか。福祉サーヴィスを利用することを提案するボクらは，かれの生活がもっと良くなるはずだという前提で話してるけども，提案を受ける側のかれにとっては，ここ一番上だからみたいなっていうのは，おこがましさみたいなのは，ちょっと感じるかなと思います」

　社会復帰や更生，立ち直り，あるいはその支援についてのかたちをモデル化していくことの怖さはここにある。場合によっては，良かれと思っておこなう支援は暴力となり，新たな苦痛を生むことにもなりかねない。ソーシャルワーカーが考える良き人生を勝手に掲げ，生かすか生かさないか，支援するかしないかということでなく，クライエントとともに生きる，という視点をもつことが必要である（白﨑 2020：99-100）。

「ある程度，ボクは放っておく方針ですね。ただ，放っておく橋本を許せないっていうまわりの人もいます。……まわりからみたら，橋本，何もやってへんやんけって。……ボクは，ある種，そういう意味では，意図して何もやってないんですよね。きっとかれは今の状態を望んでいるがゆえに，今，不足がない生活に何を加えるんだっていう感覚なんです。何もしないけど，たとえば，定期的な訪問は続けてる。……基本的には，その人に，何だろうな，ボクらの相談を介して利用してもらえるようなメリットを意識するというか。……ボクとしては，利用してちょうだいっていう感じなんですよね，スタンスとして。『オレの言うこと聞かないと，あんた間違うよ』っていうかたちでは，ないというか。結局，縦の関係に慣れていると，そういう空気になりがちだし，こと生活困窮の背景抱えてるとか，受刑経験あったりすると，すごい縦の関係が強いがゆえに従っているふりをするのも，だんだんうまくなってくるんですよ。そのあたりはできるだけ水平的な関係を保つように，心がけてはいます」

　橋本のおこなう出所者支援は，〈存在の支援〉というスタンスにいいあらわされる（橋本 2018：80）。寺本（2015：56-57）は，障害者の自立支援において，一見して本人の選択と決定とが本人自身にとって不利益になると考える場合においても，失敗を含めて経験することの重要性を説く。そして，どこまでを本人のできないこととし，どの部分を支援者が扱うことにするのか，その判断をどのようにおこなうことができるのか。周囲からみると無責任に思われるかもしれないことも，存外に難しい問題を秘めている。こうした支援に終わりはなく，この文脈における支援／被支援の双方に何となくのコンセンサスが生じることでひとつの区切りがついていく。人は変わることはできても，変えることはできないのだ。

「……密に，頻回に訪問したりだとか，……いろんなかかわりが密になっていた時期は，つぶさに変化がわかるので，そこで実感できるものはすごくあったんですよね。そういう意味では，それがやりがいになるっていうことと，人が，少しずつだけれども，いいほうに変わったなっていう。かかわった側も，かかわられたというか，本人にとってはかかわられたほうなんですけど，かかわら

れた側も，そんなに違わない意見っていうか，こんな感じでいいよねっていう，何となく雰囲気ができたときは，すごく感慨深いものがあると思うんです」

　橋本のいう「フィット」，つまりクライエント自身がその生活に対しておこなう「肯定感」と，支援者がクライエントの生活に対する「評価」のようなものが一致したときに，そのクライエントを社会にとどめおくための楔のようなものが生まれ，お互いにその変化を感じることで，地域に定着していくのかもしれない。

3　地域における〈隣人〉支援[5)]
── ◆株式会社 N ◆ ──

（1）　N 会社の支援体制

　労働者のまち，福祉のまち，観光のまち，時代の流れとともに，そのあり方を少しずつ変えながらも独特の〈包容力〉をもったまちが，大阪には存在する（水内 2017）。そのまちの一角に H 荘というアパートがある。H 荘は，老夫婦が経営するアパートで，福祉機関ではないが，2000年代の後半から，ホームレス状態にあった人びとや，出所者といわれる人びとにもその門戸を開いている。1961年に建てられたいわゆる文化住宅で，28部屋を有するアパートである。なかにはトイレは共用，風呂はないが最低限の家財道具一式は揃えられており，すぐに生活を始めることができる。大家さん夫妻もこのアパート近くの戸建てに20年以上住まれており，昔ながらのあたたかい雰囲気をもった家屋である。近代的な賃貸マンションよりも，H 荘のようなところを住まいとして希望する者も少なくない。
　「住まい」というハード面は H 荘を活用し，そのアパートで「住まう」ためのソフト面は，不動産事業を営む N 会社と，コミュニティ施設を運営する一般財団法人 h が担っている。h は2017年から開始された居住支援法人としての登録もおこなっており，居住支援のノウハウも有している。出所者の

受入れについては，2015年ころからおこなっており，自立準備ホームとしての委託も受けている。

コミュニティ施設のAを中心に，同じくコミュニティ施設のBがサポートに入り，N会社のCが2014年ころからH荘に住み，ある意味ではお節介なご近所さんとして，入居者にかかわっている。Cは，ソーシャルワーカーではなく，日中は建築・設計関係の仕事をしている。あくまで「隣人」というところがひとつの特徴である。また，必要に応じて役所における行政手続きや就労支援，通院同行，金銭管理や服薬管理についてはAが中心になっておこなっている。余暇支援という意味では，hのDがおこなう高齢者の居場所づくり事業や生きなおしのための学びの場事業，Cの隣人としての付き合いがおこなわれている。

自立準備ホームとしての委託期間は，長くても半年程度にとどまるため，そのまま生活保護等に切り替えて定住するための支援や，他のアパート等を探す支援等もおこなっている。出所者の受入れについて，罪名等を理由に入居を拒否することはないが，支援体制の都合から，刑事司法ソーシャルワークの専門機関である地域生活定着支援センターの関与を原則にしているとのことであった。現在までに12名の出所者を受け入れてきた実績がある。

（2）〈隣人〉としての支援

N会社が構築する支援体制のうち，最も特徴的なのは，入社5年目の二級建築士であるCの存在である。

> 「うちで専門的な支援っていうのはできないので，専門的なところはhさんがいるし，ボクらは住まいと，毎日の見守り的な最低限のところですかね。金銭管理とか，ボクらのできる範囲で」

いわゆるソーシャルワーカーではないCが，まさにクライエントの〈隣人〉として，ある意味での「お節介」を焼いていく。むろん，Cはソーシャルワーカーとしての視点ももって，クライエントが抱える犯罪行為という課題に対して「何が足らへんのか，何でこうなって，今のおっちゃんがあるのか」と

いう背景に着目している。しかし，あくまで〈専門家〉としてではなく，〈隣人〉としてのかかわりに信念をもって取り組んでいる。

「ボクのできる範囲で，隣りに住んでるもんやから，朝，仕事行く前にとかって，いうふうにやってたんですよ。業務時間外。朝8時に起きて，おっちゃんの扉ノックして，『ごめん，今日，ちょっとはよ行かなあかんねん』とかやることもあるし，最初のほうはやっぱり1時間とか時間かけて仲良うなったりとかっていうこともしたりしていまして」

あえて支援／被支援という関係をつくらずに，ともに生活していくなかで「支援」を信頼関係をつくるためのひとつのツールとして活用していく。

「信頼関係築くのに手っ取り早いのは困りごと助ける，助けられるっていうのは，一番の，多分，楽な信頼関係の築き方。言い方悪いですよ，言葉悪いですけど……。助けてくれる人なんだっていう……。だからこそせっかくのチャンスをボクはできるだけ業務的にしたくないなって思うので，最初はわりと生活歴みたいなところから読みとって，少し深くまで会話してみたりとかっていうところに力を注ぐし，あと一方的に『聴きとる』んじゃなく，こちらも心を開いてペラペラと身の上話をしゃべる。これで変わった奴やと思われるかもしれんけど，悪い奴やないな……ぐらいにはもっていきたい。あとこれまでの人は，来たら最初に銭湯一緒に行ったりとか。マジで，もう，そんなことしかないんやと思うんです」

実際にひとつ屋根の下に住まうわけであるから，不安があっても何ら不思議ではない。しかし，Cは，クライエントが貼られた罪名というラベルではなく，その人自身に着目する。

「別に，正味，（犯罪行為を）やってしまった人にも理由があると思うんですよ。必ず何らかの理由が……。……刑務所にいる段階って何もわかんないじゃないですか。調書見せてもらっても，その人に対して受ける印象は，おそらくみん

な違って，はじめて面談行って，こんな明るいおっちゃんなんやと思いきや，明るいおっちゃんでも，よくない結果もあるわけで。ひと月たたんと，その人の本性，わからん，出てこないっていうのは言ってて，やってみるっていうか，断る理由がその段階でみつからないんですよ，そうなると。危ないっていうか，さすがに（罪名を見て）怖いときは，それはあれですけど。……基本的に怖くないので。だって人やんって思う。みんな人って最後は幸せになりたいって思って生きてる，それだけですね。そこにボク，何できるやろうって考えただけです。その人のことを思うと，原因が『そうさせた』結果だと考えちゃうんですよ。少なくともそう思わないと，『本人が悪い。以上』で前に進まない。つねにその人のすべての行動・考え方に原因があると考えられるので，そこに，ボクの興味があるんですよね。何とかしたいというよりも，何でって。理由がわかれば対応ができる。そこに夢中になっている自分がいる。それわかったとき，結果絆を深めていくことにつながる。もうそれは支援者と被支援者の関係じゃなくなるのが，一番，ボクの思いなので」

（3）　Cをかたちづくるもの

とはいっても，ひとつ屋根の下に住んで生活をする，ということは決して簡単なことではない。Cが，このように考えるようになった理由は，いったいどこにあったのだろうか。

「ボク，（学生時代は）建築でも，設計の研究室じゃなくて都市計画の研究室にいて，なかでも何ちゅうか，ボクの卒論……はカンボジアの集落やったんです。集落やって，そんなに豊かでない環境に縛られて住まうとなると，やはり人と人の関係は濃かった。そのころからちょっとモヤモヤしてたんです。これ，建築（計画だけ）では解決できん（できることが限られる）っていうのがボクの頭のなかであって……。なんか，（つくりっぱなしでなく，人とかかわり続ける）まちづくりしてみたいなとかっていう，ざっくりとした思いはあって。前職から転職考えたときに，西成っちゅう，こんなおもしろい地域があるんや，まちがあるんやって。どちらかというとそういう福祉的な関心がもともと，多分，きっと根っこにはあって。最初，転職するとき考えてたのは，子どもの貧困やっ

たんですけどね。……日本の子どもの貧困って，地域資源をネットワーク化して，その包容力で解決できへんのかなとか思って。で，やっぱり大人は無邪気な子どもがかわいい。この循環をまわせないかとも考えました。そんなんで，ちょっと西成に来させてもらって。それとのちに気づくんですけど，もともと人は子どもというか，欲求をそのまま表に出すかどうかの違いで，そういう意味で，『子どもか！』とツッコミたくなるおっちゃんも多い。最後は子どもにかえるって言うけど，大人を経た子どもか，ストレートな子どもかという気がしてる。理想は子どもから大人，大人から子ども，これのどこかが欠けたり，ひっくりがえると，最後，幸せだったと思える可能性が下がる気がしてます。なんで，いかに子ども時代をすごすかの大切さを改めて実感してます。ボク自身は幸い，幼少期は家が自営業で，親の背中を見ながら，厳しくも愛のある教育を受けられ，さらに商店街コミュニティのど真ん中にいた。おそらく今のボクの8割以上がこのときにつくられたんだと思う。趣味の自転車も」

　建築学部で，カンボジアの集落の研究をしていたCは，そのなかで抱いた疑問や違和感を発展させ，現在の実践に結びつけている。子どもの貧困への問題意識からスタートして，野宿者支援，出所者支援へと昇華させていっているかたちである。

「もう西成で仕事すんのやったら，どっぷりつかってちゅうことで西成に住むのは決めてたんですよね。マンションとかじゃなくて，そういう，地域に根ざした場所がいいなっちゅうのは，もともとあったんで。Sさんと出会い，そういうおっちゃんたちがいるんやっていうことを知って，そういうかかわりも大事（自分の肥やし）やなっていうので。せっかく日本に住んでるんで，日本に何かできへんかな，と。根本的に何やろうって思ったら，人ちゃうかな，人と人とのかかわりちゃうかな，って思った。……（卒業研究のために訪れていたカンボジアから）日本に帰ってきたら，こんな豊かな国やけど寂しいよねっていうのは，それは露骨に感じていたので。何というかできあいのものをただ受けとるだけ，それによる均質さ，まちの包容力という意味でのキャパの減少も含めて。でも西成来たら，そうでもないみたいな。西成みたいなおもしろいまち，西成

はとくに（課題に）取り組んではるので，と思ってて，別にボク，問題自体が
問題とは思わなくて，問題が止まってることが問題なのであって，……そこが
つねに動いてる状態の西成を勉強したいなと思って西成に来たっちゅうのもあ
ります」

　カンボジアで感じた「地域の生きている熱」のようなものを西成という地
域に感じたＣさんは，西成の地域に根ざし，現在の活動に結びつけている。
５年間，実際に西成で生活し，〈隣人〉として支援をしていくなかでの課題
を以下のように捉えている。

「（課題は）こっちの気力がもつかですよ。待てるかです。というところに尽き
るかと思うんです。焦らず，変わるのは本人なので。そのキャパがないところ
はできないでしょうし，もっといろんなジャンルの人が入ってきてもらって，っ
ていうこと以外にないですよね。ボクらだけで背負おうとするとダメで，地域
にどう波及させるか。ボクは，馴染ませる，溶かすって思ってるんですけど，
どう溶かしていけるか。おっちゃんの課題を，ボクとそのおっちゃんでみると，
一対一で重いんですけど，地域で捉えるとそうでもないんじゃないって思う。
それは理想論かもしれないですけど。ボク，やってるなかで気づいたんですけ
ど，本人とコミュニティ施設でやりとりをするのと，本人の家に行ってやるの
とで，ちょっと違うかなって思うんですね。家にボクらが上がることで，何や
ろう，来てくれてると捉えてもらえるのか，監視されてると捉えられるのか，
これは関係性次第なんですけど，ボクは家に行ったほうが，様子，何より雰囲
気もわかりますし，ごみ箱を見て，お酒入ってるんやったら飲んでるんでしょ
うし，ご飯食べてるかもわかる。そのほうが，一方的に決めつけて何々してく
ださいではなくて，会話でもよりそった言葉が自然と出る。そういう意味でも，
その人の過去も含め，ちょっとプライベートな部分にお邪魔しますって。それ
はもちろん礼儀をふまえたうえでやると，信頼関係みたいなのは，より築きや
すいかなって思う。何より事実を共有して，課題に一緒に取り組みたい。いつ
いつにここに来てっちゅうのは，社会性の回復の意味でもちろん大切。コミュ
ニティ施設に来てもらったら，いろんなかかわりが広がっていく可能性がある

ので，それはぜひやったほうがいいと思うんです。けど，初期段階，信頼関係
築く段階のときは，ボクは，家（一定閉じた空間）のほうがいいと思う。自ら
関係をつくって拡げていくって，そう誰でもできることじゃない。無償の愛を
受けて，一定自分を認めてあげられている人を除いては……そういう意味で，H
荘で隣人関係やったっていうのは，それはどうしたってプラスに働くんです。
かなりです。かなり重要な，失ったものを取り戻す時間がどこかで必要で，そ
の初期投資をしっかりできるかどうかで，先の人生が大きく変わる気がします。
フェーズはあると思います。どの段階でどういうかかわりしていくべきかっちゅ
うのは。最初は，ほんまに区役所に自転車ないおっちゃんを連れて２ケツで行っ
てたときは，おっちゃんがどう捉えてたかわからんけど，『Ｃくん，そこまでし
てくれるんやったら今度は自分で行こうかな』ってなりますもん，っていうシ
ンプルな話です。最初はやりすぎぐらいでちょうどいいかなと」

ここまでＣを突き動かすものはいったい何なのか。

「人がおもしろい。人の人生に立ち会えてるっていうことがうれしい。この先ど
んな色に彩られていくかと思うとワクワクする。ただ人生の途中。途中です，
あくまで。最後よかったら，いいでしょう，っていう。終わりよければすべて
よしって素晴らしいなと思ってて。過去のどんな生活歴もってたって，最後，
ありがとうって言える人がいたら，そのおっちゃんのその人生，それでいいか
なって，多分，きっとそう思えるんじゃないかって思うんです。あと最後どう
思うかは，その人にしか決めれないという意味で途中。もし最後，あかんかっ
たら……それもちょっと考えましたね。過去しんどすぎる人は，どんだけ注い
でも実らん場合があるかもしれないって。何か，ちょっとおもしろい発見があっ
たんですけど。いろんな意味で豊かな家庭に育った人とはまったく別の生き物
やと思ったほうがいい，っていうのはひとつあります。寂しいっていうんです
よ。悪いとか，いいとかという話じゃなくて。空っぽからのスタートなんだと
思うんです。別の生き物だなって思ってる。……たとえば，『生きなおし』のた
めの学びの場事業に来て多くの人とかかわれるだけで，今，個の時代っていわ
れてて，夢中になれるもんがあって，別にひとりでええやんかっていうのは，

身体的自由と精神的自由と，欲求が，その段階があるように，公の場の前に一対一でまずは愛を確認しあうことからしなおさないといけない場合がきっとある。そっからやらんと，足元ががちゃがちゃの上になんぼ良いもん積んでも，いつか崩れる。それを，ちょっと，何とかしたいんですよねって思う。教育的な厳しさは，その後に有効に働くのであって……。福祉って辞書で調べると幸せって意味らしく，本当はお金もかからない，要はサービスの前にできることがあるはず。でもそれには時間かかる。だから同時にやる。そんな状態のおっちゃんに，頑張れ，我慢してって言うのも無責任やなって思って。その人の気持ちになれば，我慢したその先に何があるのかが必要なんだと思うんです。頑張ってでも生きたい社会かって。一人で頑張れんんで。こいつのために頑張るかって思ってもらえる人になれたら……何かしようとしたときに，たとえば（再び）本，盗ろうと思ったときに，何でボクの顔，思い出してくれへんかったんやろうっていうのは，悔んだ。その人が悪いとか弱かったとかで納得させることもできるけど，ボクは何ができたかな，と考えるようにしてます。そんな感じですかね。そういう関係，どんな存在でもいいんです，嫌われようが，うっとうしいやつやなって思われようが，若造が何えらそうに言っとんねんって思われようがいいんですけど，何か心に引っかかる関係性，ひとりじゃない状態をつくることが一番やなって思います。関係性があれば何かが起こるじゃないですか。ケンカなんかしたらいいと思うんですよ。問題も起こったらいいんですけど，解決できへんのにひとりで抱えて。その状況があかんので，ちゃんと相談……，相談って難しんですけど，おっちゃんにとっては。相談してもらえるようにもっていけたらいいなって。……（相談なんてボクらでも）ギリギリにならんとできなくて，頑張るんですよね。それが弊害です，今の世の中の。昔は相談はしてなかったと思うんですけど，相談じゃなくて，地域っちゅうのは（普段が）見えてたじゃないですか。隣の音で，赤ちゃんが泣いてるとか，向かいのオカン，今日もカリカリしてるなとか，お母さん帰んの遅いんやったら（友だちの家で）ご飯食べて帰りとか，いろいろわかりあってたわけで。今は社会にとって，あるとき唐突に○○犯としてあらわれる。それも課題の末期に。でもかれにも日常があったわけで，その積み重ねの結果なのに，その向き合い方は当然日常的であればあるだけ良いなと思う。何もベタベタが良いとは

言わなくて，その弊害もわかってます。それでも問題が起こっても気づいても
やれない，知らんあいだに命が亡くなるって，人間として情けないと思うだけ
です。それぞれのできる範囲の関係性が探せばみつかるはず。毎朝の家の前の
掃除でも良いかもしれませんし。ハード面の充実にともなって，関係性が物理
的に遠ざかった分，ボクらは人間関係で何とかそれをとり戻さんとあかんって
いうところは，感じてます」

〔注〕
1） 本節は，2019年10月2日に飯田智子に対しておこなったインタヴューを
　もとに執筆している。
2） 飯田自身は，これを「覚悟」ではないというだろう。出会ったことを大
　事にしたい気持ちでしかないのだと。実際，「あかね雲の会」や「スカイシ
　アター」といったイベントごとで，みんなでおしゃべりしたり食事したりす
　るのが楽しいだけなのだと語っている。
3） 本節は，2019年11月25日に橋本恵一に対しておこなったインタヴューを
　もとに執筆している。
4） 中村（2018：358）は，刑事司法を〈刑罰の物語〉であると捉え，枠づ
　けられ，問題にまみれた物語が前景化すると指摘する。そして，その問題に
　まみれた物語を〈悪のドラマ〉という。
5） 本節は，2019年8月22日にCに対しておこなったインタヴューをもとに
　執筆している。

地域共生社会時代のソーシャルワーク

1　その存在を承認するということ

　出所者といわれる人びとは，犯罪という逸脱行為をおこない，刑に服してきた人びとである。まわりの人びと，とりわけソーシャルワーカーをはじめとする支援する人びとにとってかれらは，往々にして「困った人」であることが多い[1]。しかしむろん，この出所者たちの「困った」行動の背景に，「困りごと」を抱えていることもまた多い[2]。自らも依存症者である上岡（2012：122-124）は，依存症の当事者や犯罪行為者のおかれた状態を以下のように説明している。

　「さまざまな暴力や虐待，いじめなどにあって，説明しがたい困難に出会ってきた。そういうことがつねに起きていると，『ふつう』＝『日常』というものがなくなってしまう……。そんなあたしたちにとって，あたりまえの『日常』を取りもどそうとするのは，けわしい崖を必死でよじのぼろうとすることに，似ている。で，苦労して崖をよじのぼってみると，そこは，深い森になっている。もちろんもっと歩いていけば，林や広場に出るんだけれど，身についたおびえの習性から，目立たないように目立たないようにと，なかなか森に出られなかったり，少し出てみたとしても，すぐまた森の中にかくれてしまう，ということ

をくり返す。森の中でも，気持ちが休まることはない。……気持ちやからだの
ダメージを誰にも気づかれずにきた人，あたりまえの生活や安定した日常そのものが奪われてきたままきた人たちは，他人の親切にとても慣れていないの。そして，自分の気持ちをいいあらわしたり，助けをもとめることばを失っていることが多いの。だからときとして，味方であるはずの人を逆に攻撃する，という防衛に出ることすらある。ようするに，どうしたらいいのかが，わからないんだ。……でも，当の本人だって，じつはとっても困ってる。とっても苦しいんだ。でも，森の中にいれば，そんな自分のふるまいがあまり目立たない。だから，なかなか森から出ていけない。……たまに林をぬけて，こわごわと広場（＝社会）に出てみることもある。でもそこは，とってもまぶしい場所に感じられるの。……だからそこにいると落ち着かなくなって，また森へと帰ってしまう。……森には，（ダルク女性ハウスなどの支援機関や病院などの）〈空き地〉もあるかわりに，（「刑務所」という大きな）〈落とし穴〉もある」

　問題行動の背景にはたいていの場合，別の問題が潜んでいる。他者との距離のとり方がわからず人付き合いが苦手な一方で，どこかで他者との付き合いを希求している。もともとの語彙力や表現力の乏しさに加え，いわゆる世間話といわれるような何気ない会話が苦手なかれらは，差しのべられる手にも戸惑いを覚えてなかなか身をあずけることはできない。重要なことは，クライエントの行動や発せられることばの意味，その背後に隠れている想いが何なのか，ということを理解しようとすることである。

　前章で紹介した３名の実践に共通した視点として挙げられるのが，犯罪行為の「背景」にある事情に目を向け，犯罪行為ではなく，犯罪行為をおこなったその人に関心を抱き，時間をかけて向き合っていくということであった。つまり，刑務所に服役していた出所者である，というモンスターのレッテルを貼らないでその人自身をみようとしているわけである。そうした視点をもつことで，〈純粋な〉ソーシャルワークと刑事司法ソーシャルワークとは，大きく捉えるとするならばクライエントが刑務所をはじめとした拘禁生活の経験を有するか否か以外には何ら変わりはないのである[3]。クライエントが出所者であることに気をとられすぎると，通常，おこなわれるソーシャル

ワークで当然になされるべきことができなくなってしまうおそれすらあるのだ。

　刑事司法ソーシャルワークにおいては，再犯をするか否かということが焦点化される傾向にあり，問題の解決のかたちとしての再犯をしないことに引っ張られがちだが，刑事司法とのかかわりを捨象したという意味での〈純粋な〉ソーシャルワークの場面においては，必ずしもそういった意味の問題解決を目指すわけではない。しかしながら，その問題が，犯罪行為というかたちで出現してしまうときには，とりわけ，その問題が解決されなければ，現実に地域社会からその居場所を奪われ，社会においての関係性が閉ざされてしまうことにもつながってしまう。そうであるとすれば，クライエントが抱える困りごとといった意味での問題とうまく付き合っていく必要が出てくる。

　ソーシャルワークの現場において，さまざまな問題が生じるときには，ソーシャルワーカーがおこなう支援とクライエントが求めているそれとのあいだにズレが生じていることが少なくない。そういったときには，まず，何がズレているのかを考え，そのズレを修正するために，クライエントとのさまざまなかかわりを試してみることが求められる（岩橋 2015：111）。とくに犯罪行為をくり返すことが身体化しているクライエントの場合には，それぞれがもつ〈常識〉が異なっていることが少なくなく，そのズレはかなりの確率で生じることになる。クライエントのあたりまえを，公共の福祉に反しない程度にまで軌道修正をおこないつつ，クライエント自身に関心を抱き，社会のルールやソーシャルワーカーの想いとのあいだで折り合う点を考えていくことが要求されていくのだ。むろん，出所者にかかわらず，クライエントが必要としていることに対して支援はそもそもズレているといわれる（末永 2015a：156）。とくに，生きていくうえで何らかの支援を必要としている人の場合，その人に対する支援は大きくズレてしまう。ソーシャルワーカーがそのクライエントに必要と思われる支援の範囲が大きくなりすぎてしまうと，支援そのものがクライエントの生活を覆ってしまい，失敗の可能性も増してしまう（末永 2015a：157）。

　ホームレス状態にある人や多重債務者等と同様，出所者といわれる人びと

もまた完全に白旗をあげないと，自己責任の対象として救済の対象になって こなかった。白旗をあげてもなお救済の対象にならないことすら珍しくな かった[4]。このような人びとに対して支援をおこなうとき，どうしても規則 正しい清廉潔白な規範的な生き方を目標に掲げてしまうが（Young 2007）， わたしたちの日常生活はたいていもっとダラダラしていたり，しまりのない ものであることのほうが多いはずである[5]。それぞれの良き人生を希求しな がら生きる権利はあるが，清く正しく生きなければならないという足枷をは められて生きなければならない義務はない。にもかかわらず，支援者が上か ら目線でかかわれば，かれらは以前の思考パターンや関係性のパターンをく り返すことになり，かれらの人間性や主体性を蔑ろにすることにもつなが り，基本的人権を侵害してしまう可能性も出てきてしまう（深谷 2018： 200）。また，クライエント本人と支援者との信頼関係ができないうちに，本 人を支援者が思う理想的な姿に変えようとすると，当然，本人も抵抗する。 信頼関係は，片面的なものではなく，双方的なものなのである。支援者は， 第一にクライエントの存在そのものを肯定的に受容し，共感することから始 めなければならない。そうして，刑事司法ソーシャルワークの実践において は，「ここにいていいのだ」というクライエントに対する〈存在承認〉が必 要条件となり，再犯も含めたさまざまな揺れにもよりそい続けることが十分 条件となっていくものと考えられる。刑事司法ソーシャルワークの局面で は，犯罪という強力な反社会的行為に目を奪われて，目の前にいるその人の 生きづらさの根底にあるものを見失いがちだが，「再犯をさせないための社 会復帰支援を！」と意気込むのではなく，目の前にいるその人の生きづらさ によりそう姿勢をもって，その人の生活困難を修復するという社会福祉が本 来的に有している機能に立ち戻って，かれらが生きやすい生活についてクラ イエントとともに考えていかなければならない[6]。クライエント自身の気持 ちを腐らせないように，クライエントとソーシャルワーカーとが試行錯誤す ることが許される土壌を築いていくことが何よりも重要であるといえよう。 地域のなかで，たとえ困りごとが発生しなくてもかかわり続けられる隣人的 な支援，その前提としての〈存在承認〉というスタンスが鍵となる。このよ うに，刑事司法ソーシャルワークの根幹には，意思決定支援と信頼形成支

援，そして必要に応じて欲望形成支援とがあると考えられる。

2　犯罪から離脱するためのモデル？

　近年，犯罪学の世界では，Ward & Maruna（2007）によって提唱された犯罪者処遇の理論枠組みである GL モデル（Good Lives model）という長所基盤のアプローチが注目されている。この考え方は，これまで世界の犯罪者処遇に大きな影響を与えてきた，Andrews et al.（1990）によって提唱された RNR モデル（Risk Need Responsivity model）を補完するものとして期待が高まっている（Andrews & Bonta 2010）[7]。ふつうの欲求が不適切な手段によって満たされるようなときも，我慢しすぎるとかえってそれがストレスになっていくため，ストレングスとリソースへの着目を高め，リスク回避よりも接近目標を重視し，自らが変わるための希望をもって犯罪からの離脱に取り組んでいくという考え方である[8]。また，Maruna（2001）は，累犯者のナラティヴから，かれらは自分を無力で社会の犠牲者とみなしているという特徴を浮かびあがらせる一方で，犯罪からの離脱者のナラティヴから，過去の自分と向き合い，人としての主体性をもって自分はやりなおせるという感覚をもっているということを明らかにしている。要するに，抗いようのない強権的な力や，自分のことを助けてくれる支援者にいわれたから仕方なく従うのではなく，自らが主体的にそうしたいと思えるようにならなければ意味がないということである。

　しかし，これらの考え方は犯罪者処遇の理論枠組みであり，GL モデルといえども，再犯防止を念頭におく考え方であることに違いはない。ソーシャルワーク実践においては，これらの理論枠組みを参照することはあっても，これらにあてはめるような意図をもって取り組むことは，クライエントを〈（元）犯罪者〉として接していくことから脱することができなくなってしまうということに注意が必要であろう。ソーシャルワーク実践に必要なのは，〈（元）犯罪者〉ではなく，あくまでひとりの〈生活者〉としての視点である。いくら犯罪からの離脱の理論だといっても，犯罪者視点でかかわれば，ソー

シャルワークが〈処遇〉の延長になりかねない。結果的に，正義や善意のもとに，ソーシャルワーカーが犯罪からの離脱を強要し，ソーシャルワーカーが思い描く良き人生を強いてしまうことにもなりかねない[9]。理論という枠組みが，良き人生という新たな枠組みをつくってしまい，がんじがらめにしてしまうことも想像に難くない。すなわち，支援の実践者たるソーシャルワーカーは，犯罪学におけるモデルを盲信してあてはめていくのではなく，ソーシャルワークによるオーダーメイドの支援のなかの参考として念頭においておくという程度の立ち位置をとるべきであろう。

　そもそも社会福祉は，生活困難を修復することがその機能とされており（岡村 1983），ソーシャルワーカーが自らを意識的に活用しながら，目的の達成に向けクライエントとともに織りなす働きかけがソーシャルワークの機能であると考えられている。出所者と呼ばれる生きづらさや生活のしづらさを抱えた，ヴァルネラビリティをもつクライエントの生活支援を地域のなかでおこなうためには，クライエントの生活課題のみに対する働きかけでは不十分である。そうした人びとの生きづらさや生活のしづらさに着目するソーシャルワークの考え方が生活モデルである。生活モデルは，生態学的視点にもとづくソーシャルワークのあり方を示したものであり，問題を病理の反映としてではなく，エコシステムのなかのさまざまな要素の相互作用の結果として捉えている。この考え方に依拠した場合，ソーシャルワーク実践は，生きづらさを抱えながら生活する人びとを支えるという支援に焦点化される（木戸 2019：179）。生活モデルに依拠した支援は，「『生活支援活動』であり，生活者としての本人を主体として，本人の自己決定により，本人が経験する生活のしづらさに対処」し，「支援者は当事者とともに歩む支え手として，本人の主体性を促す関わりを通じて，環境・生活を整えること」に重点をおいた実践がおこなわれることになる（水藤 2018：34）。そのうえで，出所者が地域のなかで住まい，暮らしていくためには，「ジェネラリスト・ソーシャルワーク」（Johnson & Yanca 2001）を基礎理論に据えた，「個を地域で支える援助」と「個を支える地域をつくる援助」とを一体的に推進する「地域を基盤としたソーシャルワーク」（岩間 2011）という実践理論に依拠していくことが有効であると考えられる。つまり，生きづらさや生活のしづらさとい

う広範なニーズに着目し，エンパワメントを重視して，地域における生活主体としてのクライエントや近隣住民の視座を尊重したうえで，地域のネットワークによって社会資源をつなぎ，さらには社会資源を開発していくという複数の視点をもたなければ支援は難しい。ソーシャルワーカーをはじめとした専門職によるきめ細やかな支援を基点としつつも地域の住民とともに，地域のなかに居場所をつくっていく。緩やかな紐帯を築きつつ，ソーシャルキャピタルを形成していくということだ。再犯防止に焦点化しない総合的な生活支援という視点である。再犯せずにすむための工夫は，抱え込まず，刑事司法ソーシャルワークの専門機関に相談し，相互に連携してとりくんでいけばよいわけである。

　再犯防止という文脈における問題の解決や正解は，おそらく再び罪を犯さないということになるのであろうが，ソーシャルワーク過程においては，あえてそこを目指さないことを容認する視点が必要となろう。ただ生きるために罪を犯してきた人びとに対して，一度や二度ばかり福祉的支援が提供されたからといって，すぐさま犯罪から離脱できるのかというと，そううまくはいかない。冷静に考えるとそう簡単ではないことに気づくであろう。幼少期からそだちを剥奪された状態のなかで，ただそこにいることを否定されてきた人びとにとって，突如，手を差しのべてきたソーシャルワーカーを信頼できるかというと，それには一定の時間がかかるであろう。犯罪行為が社会のなかで認められていない行為であることは，ほとんどの犯罪行為者は認識しているが，それ以外の選択肢を持ち合わせていないことが多い。ソーシャルワークを展開していくなかで，選ぶことのできる〈選択肢〉をひとつずつ増やしていき，その選択肢から本人にとってより良いものを選べる自由を確保していく。制限するのではなく，選択の自由を残しつつ，望ましい方向にそっと後押しする（那須 2020）。そのための前提として，ただそこにいて良いのだということを認める〈存在承認〉が求められるのだ[10]。

　そうだとすれば，刑事司法ソーシャルとは，帰住先のない場合には住まいという生活の基盤を設定したうえで，就労さらには（／あるいは）余暇支援など，ただそこにいて良いのだという安心できる居場所を整備し，何気ない話ができる隣人をもつという〈つながりの支援〉にほかならない。したがっ

て，重要なのは再犯を防ぐかどうかではなく，たとえ再犯したとしてもつながり続けることである。支援者から良き隣人へ。刑事司法ソーシャルワークに求められるのは，再犯しないというある種わかりやすい問題解決ではなく，生活における小さな困りごとの解消に伴走を続けていくことにほかならない。

3　地域共生社会というコンセプト

　「ニッポン一億総活躍プラン」（2016年6月2日閣議決定）や，「『地域共生社会』の実現に向けて（当面の改革工程）」（2017年2月7日厚生労働省「我が事・丸ごと」地域共生社会実現本部決定）にもとづいて厚生労働省が掲げる「地域共生社会」というコンセプトは，「制度・分野ごとの『縦割り』や『支え手』『受け手』という関係を超えて，地域住民や地域の多様な主体が参画し，人と人，人と資源が世代や分野を超えつながることで，住民一人ひとりの暮らしと生きがい，地域をともに創っていく社会」であると定義されている[11]。地域のなかで他の人の暮らしと同じような生活環境を整えることこそが支援であるというノーマライゼーションの原理を具現化していくことが（ニィリエ 2004），地域共生社会であるといえる。そして，この地域共生社会では，「『今，ここに』存在するひとりの人間としての生活をどうにか維持，継続できるようにしていく」ための支援が志向されていくことになる（上野谷 2015：2）。この点，室田（2020：95）は，このコンセプトについて「不安定な社会で生活する個人が，自分の生活の中から生きる意味や価値観をみいだし，個人を承認し，その先に他者を承認し，自分たちにとって生きやすい社会を作り出していくことを支援するような社会をつくっていく」ものとして捉える必要があると指摘している[12]。そのうえで，あらかじめ設定された「なに（what）」を支援するのかという援助観から「どう（how）」支援するのかという援助観への転換の重要性を主張し，「やらされる」福祉から「やる」福祉へ，「担い手」から「共感する他者」への転換を強調している（室田 2020：100）。そして，"支援する"とか"支える"という一方通行の関係か

ら"支え合う"という相互依存的な関係を重視」する（松端 2015：41）。

　コミュニティソーシャルワーカーのパイオニアとして「制度の狭間」にある問題に向き合い続ける勝部（2020：273-274）は，地域共生社会の実現に向けて，①「支援が困難だ」「支援を拒否した」ということであきらめずにひとりもとりこぼさないという視点，②その人のストレングスを引き出し社会の支え手としての役割をつくりだし支えられていた人が支え手に変わるという視点，③すべての人に安心できる居場所と役割をつくっていくための学習の機会をもつという視点，④いちばん厳しい人を決して排除しないという態度を示しその覚悟をもつという視点，といった4つのポイントを提示している。おそらく出所者と呼ばれる人びとは，支援が困難であり，支えられてきた経験が乏しく，安心できる居場所や役割をこれまでもてずに，地域のなかでも人知れずあるいは，極端に困った人という厳しい印象をもたれていたことが多いと考えられる。高齢とまではいえず，また障害者手帳を保持しない人にとっては，活用できる福祉サーヴィスが少なく，まさに制度の狭間に落ち込んでいた人も少なくないだろう。出所者であるというスティグマを背負い，ひとりでかつ生まれ育った土地ではない地域ですごす人にとって，地域に居場所をみつけるのは，同じ地域に生きるソーシャルワーカーの支えがあったとしても決して容易ではない。個を支えるソーシャルワーカーが地域のなかでつながり続ける覚悟をもってソーシャルワーク実践にあたることが不可欠であるといえよう。

　立ち戻って，共生とは，いかなる意味なのであろうか。鷲田（2015）は，よりそい，よりそわれることが共生の本義であるという。そして，勝部（2020：276）は，ソーシャルワーカーが住民と協働して地域をつくっていくことが地域共生社会だという。地域のなかでともに生きる社会ということは，一人ひとりが尊重される社会ということにもつながる。

4　犯罪からの社会復帰とは？

　東野圭吾の小説（『手紙』〔毎日新聞社，2003年〕）のなかに，このような

一節がある。

> 「社会的な死からは生還できる……その方法は一つしかない。こつこつと少しずつ社会性を取り戻していくんだ。他の人間との繋がりの糸を，一本ずつ増やしていくしかない。君を中心にした蜘蛛の巣のような繋がりが出来れば，誰もが君を無視できなくなる」（273頁）

　強盗殺人犯の弟というレッテルに苦しむ主人公に対して，かれの働く会社の社長がかけたことばである。ここでは犯罪加害者家族に対する台詞として描かれているが，犯罪からの社会復帰に求められることもまたこの台詞のなかには込められているように思われる。蜘蛛の巣は，最初の一本の糸を風に吹かれるままに引っかけていき，その糸が引っかかったら，その上を往復し，糸を強化することで少しずつ枠をつくり，かたちづくっていくという。縦の糸と横の糸だけではなく，できうるのであれば斜めにも張り巡らした糸が重層的に張り巡らされていくことで，自らしなやかな〈居場所〉をつくりあげているのである。そして，蜘蛛の糸は，粘っこく，切れにくい。たとえその一本が切られたとしても，そう簡単に崩壊してしまうことはない。人間は，糸を張り巡らしながら林ともいうべきコミュニティを意図的に形成し，さらに，森のような地域社会のなかで生きていく。このコミュニティにより多く，より強く結びついている人のほうが，生きやすいし，一本の糸が強ければ強いほど，ふり落とされにくい。重層的であればあるほど，生きやすいとはいえないまでも，選択肢は多くなるのかもしれない。
　これまでみてきたように，出所者と呼ばれる人びとの多くは，そもそも，生きていくべき社会や地域，場合によってはコミュニティすらもっていなかった人びとであるともいえる。復帰する社会をもたない人びとへの社会復帰支援，というのはいささか違和感を拭い去れない。したがって，社会復帰ということばを用いることが，必ずしも適切だとは考えてはいない。くり返し論じているように，支援者自身を含む社会の側が変わり，クライエント本人も変わっていくこと，その双方が求められている[13]。時に社会参加ということもいわれるが，自分を中心とするごく限られたコミュニティのなかに居

場所をみつけることができ，そこにいることができればそれでも立派な社会参加であるし，さらにいえば，参加を強要されることもない。ただ，その場所にいてもいい，そう思える場所がありさえすればいいのだ。必要なのは，社会のなかに自由に存在することを承認される権利なのである。誰にも頼らずにひとりで生きていくことを〈自立〉として目標とするわけではなく[14]，輝かしく語られる良き人生を目的として犯罪からの離脱を目指すわけでもない。あくまで一人ひとりに違ったオーダーメイドの支援を，という大前提を支援者たるソーシャルワーカーは忘れてはならない。

　再犯をしないことが社会復帰であるかのような風潮が高まるなかでは，とくに，刑事司法にかかわる諸機関と，より具体的に社会復帰という概念のイメージを共有しておく必要があるように思われる。そのために，本書における現時点での社会復帰の意味づけを暫定的におこなうとすれば，

　「社会復帰とは，衣食住が確保され，困ったときに依存できる他者を有し，ここにいていいのだという安心感をもって存在できる居場所をみつけ，時には失敗しつつも，社会の一定のルールと折り合いをつけ，周囲の人びとから隣人としての無意識的な信頼を得，何らかのかかわりをもちつつ，日常生活を営むうえで過度に自由を制約されることなく，複数の選択肢をもって（社会のなかで）生きることができるようになること」

ということになるのかもしれない。複数の選択肢をもって，より良いと思える道を，時に支援を受けながらも，自分で考え自分で決めながら，社会のなかで何らかの居場所を得て生きていくことにつながる考え方である。試行錯誤するなかで失敗することを認め，決して〈再犯をしない〉という意味での〈社会復帰〉を強いるのではなく，一人ひとりのニーズにあわせた選択肢の提示と自己決定とを支援しながらも促していく。再犯をした数ではなく，たとえ再犯してもそのプロセスを評価の基軸としてもっておく。失敗を許され，その人が正直になれる安全な場所をもつことを支えていくという視点である。ひとりの人間として尊重し，生きづらさによりそった支援をおこなうということこそが，犯罪からの社会復帰を支援するということなのではない

だろうか。つまり，誰にも頼らずにひとりでいきていこうとすることや，再犯をしないことだけが，犯罪からの社会復帰を意味するわけではないということだ。まわりに頼りながら，福祉をはじめとしたさまざまなサーヴィスを利用し，地域のなかで，安心して住まえる場所を確保し，その場所を支え，ともに歩んでいける隣人の存在するコミュニティのなかで，できればそれぞれに生きがいや楽しみをもって，日々の生活をおくることこそが，この社会のなかで生きていくということではないかと考えられる。

　そもそも，より良い人生を歩みたいのは，罪に問われた人であれ，そうでない人であれ同じであろう。ソーシャルワーカーがなすべきソーシャルワークもまた，罪に問われたかどうかでは変わらない。そして，より良い人生のあり方は人によって違う。誰かが決めた良き人生をトレースする必要はまったくないのだ。ただし，社会生活を誰もが平穏に営むためには，やはり一定のルールが必要であるということは否定しがたい事実である。今あるルールの存在価値をことあるごとに疑い，マジョリティの既得権益を守るだけのルールになっていないかを検証し，沈黙しがちなマイノリティの人権という視点からつねにそれを問いなおす必要があろう。そのうえで，その都度折り合いをつけ，最低限度のルールのなかで生活できる知恵を出し合い，ともに生きていく道を模索していく社会をわたしたちは志向する必要がある。

　これまでも述べてきたように，犯罪からの社会復帰の過程は，依存症からの回復の過程に似ているということにふれた。むろん，再犯も回復のための過程であると考えられよう。しかし，犯罪からの社会復帰(rehabilitation)は，回復（recovery）というよりも，さらにレジリエンス（resilience）という概念に近いものかもしれない。元に戻るためのベースラインをもたずに，再構成され続け，刻々と変化する状況に適応し，目的を達成するために変わり続ける（Zolli & Healy 2012：17），以前の状態に戻るというよりはむしろ，新しくつくっていくようなイメージのほうが適切だろうか。社会を含めた支援する側もされる側も，その両者が変わり続けるしなやかさをもち続けることが，犯罪行為者が犯罪からの社会復帰を果たし，わたしたちがそれを支えていくためには求められている。

〔注〕
1）　人は，自分が知らないことに怖さを覚える。知ってしまえば何というこ
ともないようなことでも知らないということで敬遠することがある。障害者
福祉の領域において寺本（2008b：284）は，「周囲の人々や支援が，目の前
にいる障害をもつ○○さんのことを知っていく，慣れていく」という支援の
かたちを提示しているが，刑事司法ソーシャルワークの領域でもこの視点は
同様だと思われる。
2）　熊谷（2018）は，「困難は，表に見えていたり，あるいはそれを記述す
る言葉がすでに十分世間で流布されていれば，『見えやすい困難』にな」る。
そして，「堂々と，『自分は困っている』と表現でき，ニーズも主張しやすく
な」る。だが，「私たちが日々使っている日常言語は，一部の困難しか表現・
共有でき」ない。ゆえに，「日常言語で言い表すことのできない見えにくい
困難を持つ人々は，困っていることやニーズを表せる言葉が世間に流通して
いない」，または「相手に伝わる言葉がないものだから，医学が『症状』『逸
脱行動』とレッテル貼りをしてしまうような表出になったり，暴力的で露悪
的な言動で表現するほかなくなりがち」になる。その結果，「自分の困難は
伝わらず，ニーズは満たされないままになり」，「人知れず見えにくい困難を
抱えて『困っている人』は，『困った人』とみなされていく」と指摘する。「困っ
た人は，困っている人」だといわれるゆえんである。
3）　Roberts & Brownell（1999）は，forensic social work を，サーヴィスを提供
する特定の集団，つまり被害者や犯罪者に対して必要とされる知識とスキル
の観点から説明している。この場合，forensic social work とは，非行少年や
成人の犯罪者，犯罪被害者に対する政策や実践をいう。Maschi et al.（2018：
25）は，広義の forensic social work には，ソーシャルワークの知識，価値，
スキル，政策実践，法へのアプローチ，コラボレーション，多様性が含まれ
ているという。ソーシャルワークの使命は，forensic social work のそれと一
致している。そうして，forensic social work には，社会あるいは法にかかわ
る環境のなかで，多様なクライエントを対象としたアセスメントと介入のア
プローチとがあるという。
4）　宮﨑（2018：43-44）は，「社会の周縁に置かれがちなカテゴリーの人び
とが排除されるケースは，さまざまな社会福祉実践のなかにおいて散見され
る」と，ソーシャルワークによる排除の実態に警鐘を鳴らし，社会福祉の制
度・施策は「社会的に包摂されるものと排除されるものを線引きするもので
あり，特定の人びとを排除することによって包摂は達成されてきた」と指摘
している。排除と包摂との線引きは，その社会の価値観によって左右される
ものなのである。

5） 日本が高度経済成長に湧く1965年，「期待される人間像」の中間草案が公表された。これは1963年に荒木文部大臣（当時）によって諮問された「後期中等教育の拡充整備について」に対し，中教審が応えたものである。時代背景としては，差別と競争，愛国心と国防の教育の強化を志向した時期であったといわれている。この答申をまとめあげた高坂正顕は，「教育基本法をもとにし，憲法のしめしている線において，『期待される日本人の理想像』をまとめ」たと述べている。しかし，その経緯をふりかえれば，教育基本法を憲法と同じく「押しつけ」だとする荒木によって「人づくり」の新しい「理想像」として依頼されたものであり，青年に愛国心や道法精神を育成させることを強調した答申である。こうして，日本という国の発展のために，働いて，結婚して，子どもを生み育てて，子どもを独り立ちさせて，その子どもがまた働いて，というかたちがあたりまえとされ，〈一人前〉の大人だとされてきたのだ。国民に「期待する」この勤勉な人間像が，現在もなおどこかで尾を引いているように思えてならない。

6） 木下（2018：48）は，出所者の地域での受入れ態勢の構築においては，①「司法と福祉の連携についての経緯と政策動向，課題を把握し，全体を俯瞰」すること，②「ソーシャルワーカーとしての支援価値を明確にしておく」ことが前提になるという。そして，支援観の明確化は，「罪を犯した人への関わりは，社会防衛と本人支援の両方を内包しているため，自身の支援者としての立ち位置を確認するために必要であ」り，「支援対象へ支援価値を社会防衛ではなく，本人支援の必要性に置くことが求めらる」と指摘している。支援者——ソーシャルワーカー——がいかなるスタンスでかかわるかということには，より自覚的でなければいけない。また，障害者福祉の領域でも，「介護者による予防（監視）／制御（抑制）ではなく，当事者のイニシアティブと，見守り／見護るという支援」（岡部 2008：260）の重要性が説かれているが，出所者支援の領域においても，より強固に同様の視点をもつことが必要となる。出所者支援においては，この監視／抑制の側面が刑事司法という非常に強い強制力をもった公権力と密接にかかわっていくため，その権利制約は最大レヴェルのものとなる。

7） RNR モデルとは，①再犯リスクの高さに応じ，②再犯を誘発する要因に焦点をあて，③犯罪者に適合するように実施することを重視する犯罪者処遇の理論枠組みである（勝田 2016）。

8） 犯罪からの離脱の理論については，日本犯罪社会学会編（2011），明石（2015），平井（2016），山梨（2018）などが詳しい。

9） 出所者といわれる人たちのなかには，良き人生はおろか，社会のなかで，自分がどのように生きたいか，自らの希望や欲望といったことをうまく表現

できない人が少なくない。意思決定支援ということがいわれることもあるが、実は出所者といわれる人びとは、それよりも以前の段階にあり、自らが主体的にふるまえる場をもつための欲望形成支援が必要であるのかもしれない（國分 2019）。もっとも、一方で自らの欲求をコントロールできない衝動的な人びとも数多くいることもまた事実である。

10)　原田（2018：4）は、地域共生社会においては、「生産性ではなく、そこに存在すること自体に価値を置き、そこに配分することをよしとする社会的合意をつくっていかなければならない」と指摘し、「どんな共生社会を実現しようとするのか」というわたしたちの構想力を問うている。

11)　いうまでもなく、地域における領域を超えた協働実践のなかで、「他人事、丸投げ」はもちろんのこと、相互監視の相互不信社会をつくりあげることは避けなければならない。牧里（2018：1）は「本気で『地域共生社会』を実現する気なら、縦割り行政に横串を刺す気なら、行政職員、専門職がまず地域社会に出向（アウトリーチ）し、住民とともに汗を流し、知恵を出しながら、互助と自治を作り出す決意と覚悟がなければ、住民の縦割りになった思考は変えられないのではないか」と釘をさす。

12)　このような視点は、SDGs（Sustainable Development Goals ／持続可能な開発目標）の視点とも重なる（原田 2018：8）。

13)　竹端（2012）は、支援関係が簡単に支配関係にすり替わりやすいという「権力と情報の非対称性」に注意を促す。そして、他者を変えたい、社会を変えたいと考えるのであれば、自らの立ち位置の無謬性の限界に気づき、まずは自らのあるべき姿や、その方法論こそ問いなおさなければならないのではないかと指摘している。

14)　熊谷（2012：3）は、「『自立』とは『依存先』を増やすことである」と指摘する。たくさんの糸を張り巡らせることは、ここでいう「依存先」を増やすことにほかならない。そして、自立支援とは、「必要に応じて支援を使いながら、自分らしく地域の中で暮らしていくこと」をいうのであろう（寺本 2008a：161）。

あとがき

　わたしの記憶が正しければ，あれはちょうど博士論文を提出した直後の年の瀬のことだったと思う。京都にある某大学において，とある貧困問題を研究する研究者や現場の人たちが集う学会の全国大会が開催されていた。そこでわたしは，「出所者支援における既存の社会資源の活用」というテーマで研究報告をする機会を得ていた。主に，自立準備ホームの運用について，自らがおこなった実態調査の結果をもとに，たとえば更生保護施設のように看板を掲げずに既存の宿泊機能を備えた機関を活用できる有効な制度である，といった趣旨の報告をおこなった。

　わたしの拙い報告に対して，思いがけずたくさんのご意見やご質問をいただいた。そのなかに，今でも忘れられない質問がある。それは，「報告者は，看板を掲げないことを好意的に捉える前提に立ってご報告をされていたように感じられたが，それはとんでもないことではないか。犯罪者が住んでいることを知らされる権利が，住民にはあってしかるべきなのではないか」といったご趣旨であったと記憶している。

　このとき，一瞬，目の前が真っ白になったことを今でもわたしは鮮明に覚えている。市民向けの講演会等であればあり得ない質問ではないが，まさか，生活保護に関する著作も多く発表されているベテランの行政マンのかたからこのような発言があるとは夢にも思わなかったからだ。絶望のなかで，わたしは，何から話し始めればいいのか，おそらくは数秒の，しかしわたしにとって，とてつもなく長く感じられる沈黙のなかで思いを巡らせた。そのあとわたしは，日本における刑罰の考え方について説明をおこない，そういった偏見や差別の意識こそが出所者の社会復帰を妨げるのだ，といった返答をしたように思う。その場には，少し気まずいような妙な空気が流れていた。いささか熱くなってしまっていたのではないかと，冷静になると気恥ずかしさだけが残った。

本書のなかでもくり返し論じてきたが，刑務所等から出所してきた人たち
に対する社会からのまなざしはきわめて厳しい。出所者支援もその射程に含
むはずの貧困研究の領域においても，それは例外ではなかったのだ。なるほ
ど，わたしたちは，自分と違う性質をもった者を〈異質な他者〉として排除
することで自分を守っている側面がある。出所者は，犯罪行為という誰もが
忌み嫌う逸脱行為をおこなった者であり，最も自己責任を問われやすい存在
でもある。通常，象徴的な再統合の対象とはされないのが現実であるといわ
ざるを得ない。

　刑事司法と福祉にかかわる科目を担当させていただくようになってたいし
た年月は経っていないが，必ず学生のみなさんに伝えていることがある。そ
れは，この領域にかかわる問題を考えるときに大切なのは〈想像力〉である
ということだ。多くの人が，自分や自分の大切な人が犯罪の被害者になると
いうことは容易に想定して恐怖にも似た感覚を抱き，不安に思い，心配す
る。しかし，自分や自分の大切な人が犯罪の加害者になるということはほと
んど想像することはない。それどころか，自分だけは，自分の大切な人だけ
は犯罪の加害者にだけはなることはないと信じて疑わないのだ。
　だがしかし，今日，このあとに，自分自身が，あるいは自分の大切な人が，
通勤・通学の満員電車のなかで痴漢をしたと訴えられるかもしれないし，自
動車を運転していて他人を傷つけてしまうかもしれない。きわめて親しい人
への愛しさがあまって憎さに変わり，衝動的に手が出てしまうかもしれな
い。ニルス・クリスティがいうように，犯罪は，たいていはふつうの人がふ
つうではない状態においておこなわれるものであり，時折偶発的に巻き込ま
れるものでもあるのだ。そうであるとすれば，誰もが，犯罪の加害者にもな
りうるし，もちろん被害者にもなりうる，相互互換性のあるものであるとい
うことになる。
　そのうえで，犯罪という行為について考え，現在の刑事司法システムのな
かで裁かれ，処遇される者の立場から，この国の刑事司法と社会福祉のあり
方を相対的にみたとしたならば，やはり納得できないところがたくさん出て
くるのではないだろうか。だからこそ，わたしたちは，自分自身がどのよう

な社会に生きたいのかということを思い描き，刑事司法や社会福祉の制度を正確に理解し，犯罪学や社会福祉学を学ぶ必要があるわけである。

　2021年から社会福祉士・精神保健福祉士の養成課程において，「刑事司法と福祉」という科目が必修科目として新設・導入されることになっている。社会福祉領域において，刑事司法とのかかわりがますます重要性を増すなかで，現場で活躍するソーシャルワーカーやソーシャルワーカーを志す人たちが，本書をきっかけのひとつとして，こうした現実を知り，考え始めることになれば，それは著者として，これ以上ない幸せである。

＊　　　＊　　　＊

　本書は，2017年11月に，大阪市立大学大学院創造都市研究科に提出した博士学位請求論文に，福祉臨床の現場を意識して大幅に加筆・修正を加えたものである。初出は，以下のものとなる（**第1章**および**第3章**は，2015年1月に，大阪市立大学大学院創造都市研究科に提出した修士学位請求論文がもととなっている）。

第1章　「現代日本の犯罪事情：社会学からのアプローチ」共生社会研究11号
　　　　（2016年）51-60頁
第2章　「再犯しないことが社会復帰なのか？：国会会議録のテキスト分析を中
　　　　心に」龍谷大学矯正・保護総合センター研究年報8号（2019年）132-
　　　　152頁
第3章　「福祉と刑事司法との連携が生みだす新たなる排除：社会復帰支援のパ
　　　　ラドクス」関西都市学研究創刊号（2017年）19-17頁
第5章　「不動産業者のリスクを軽減させるものは何か」掛川直之編著『不安解
　　　　消！出所者支援：わたしたちにできること』（旬報社，2018年）119-
　　　　135頁

＊　　　＊　　　＊

　わたしが不十分ながらも本書を書きあげることができたのは，たくさんの

かたがたからの〈支援〉があったからだ。本書は，わたしにとってはじめての単著となるので，ここで，これまでの経緯をふりかえるとともに，感謝のことばを伝えたい。

　わたしが司法福祉学の研究をはじめる最も大きなきっかけになったのが，龍谷大学法学部の石塚伸一先生の刑事学ゼミナールであった。石塚ゼミでは，わたしの研究の根底にある〈闘う〉ためのスピリットのようなものを体得することができたと思っている。物凄いヴァイタリティで突き進む石塚先生は，わたしにとって現在もなお，どこか近寄りがたく，しかし，どこかで一番に認めてもらいたい恩師のひとりである。

　その後，刑事弁護人を志して，ロースクールに進学し専門職学位課程を修了はしたものの，興味関心が，犯罪現象をめぐる社会学的なところに移っていたわたしが司法試験を受験することはなかった。将来の目標が，明確に研究者にかわりつつあった時期だった。しかし，外国語が苦手なわたしにとって，すぐに進学することは難しく思え，一旦，社会科学系の出版社に就職することを選択した。編集者として仕事をおこなうなかでも，つねに頭のどこかに研究への関心があった。そのようなときに，相談にのってくださったのが浜井浩一先生だった。豊富な実務経験に裏打ちされる現実に即した千里眼とエビデンスにもとづく精緻な分析とを展開するご研究のスタイルをとられる一方で，どの論考にも最後の一文でやさしさがにじみでる浜井先生の背中をこれからもわたしは追い続けることになるのであろう。

　編集者としての仕事にやりがいとおもしろさを感じる一方で，学問的な関心を深めたいという気持ちも捨てきれなかったわたしは，偶然目にしたある新聞記事をきっかけに，そのご論考を読みあさり，密かな憧れを抱いていた大阪市立大学人権問題研究センターの島和博先生のもとで修士課程に進むことを選択した。「最近，犯罪社会学は勉強していないよ」とおっしゃるものの，島先生との議論はいつも知的興奮にあふれるもので，社会学のおもしろさの一端を学ぶことができた。

　わたしの修士課程修了と時同じくして，島先生が定年退職されるというこ

とで，博士課程の進学先に悩んでいたときに，「ぴったりの先生がいないのであれば，ボクのところに来ませんか」と声をかけてくださったのが大阪市立大学都市研究プラザの全泓奎先生だった。全先生は，編集者として働きながら研究を続けていたわたしに，「いずれはどちらかを選ばないといけないときがきますよ」と，日本学術振興会の特別研究員へのエントリーを強く勧めてくださった。全先生の進言がなければ，専業の研究者として活動する現在のわたしはなかったであろう。また，博士課程在籍時より所属させていただいている都市研究プラザには，所長の阿部昌樹先生をはじめ，学際的な先生方や若手研究者が多数所属しておられた。プラザで学んだ都市研究の視座は，わたしの研究のあり方にも大きな影響を与えるものであった。

　大阪市立大学では，大学院生活科学研究科の野村恭代先生にも折にふれて相談にのっていただいている。どんな相談に対しても喜怒哀楽をともにしてくださる野村先生は，わたしが心から信頼する姉貴分のひとりである。

　わたしの人生観を変えることにもつながる大きなターニングポイントとなったのが，大阪府地域生活定着支援センターにおける相談員としての参与観察の経験である。右も左もわからない福祉臨床の現場に戸惑う，実務を知らない若手研究者にすぎないわたしに，山田真紀子所長をはじめ，相談員の小川多雅之主任，當洋彰さん（現在は，指定生活介護事業所ポプラ所属），前阪千賀子さん，西出一美さん，事務局の岡田雅恵さん，北場好信さん，瀧本守さんといった経験豊かなソーシャルワーカーのみなさんが，あたたかくも的確なご指導をくださっている。山田さんを中心とするチームのなかで，刑事司法ソーシャルワークの実践を積むことができていることは，現実に即した理論の構築を目指すわたしにとって代えがたい財産となっている。

　新人ソーシャルワーカーとしてのキャリアを経験する以前から現在にいたるまで，福祉臨床のリアルをともに考える畏友たる，ささしまサポートセンター事務局次長の橋本恵一さんの存在もまた，わたしの研究には欠かすことができない。橋本さんには，博士課程に進学する直前に名古屋で出逢い，現在も，名古屋で少なくとも月に1回は議論し，親交を深めている。橋本さん

を介して知り合うことのできた，日本福祉大学社会福祉学部の山田壮志郎先生をはじめ，原田正樹先生や，湯原悦子先生，斉藤雅茂先生などからもご指導をいただく機会に恵まれ，いまや名古屋はわたしの第二の研究拠点となっているといっても過言ではない。

　同時に，出所者支援のパイオニアともいえる静岡司法福祉ネット明日の空代表理事の飯田智子さんや，名古屋市暮らし・仕事サポートセンター大曽根センター長の水鳥美雪さん，ぎふNPOセンター理事の有田朗さんなどとも，日々の問題意識を共有し，議論する機会に恵まれている。

　現在の本務校である立命館大学において受入れ教員になってくださっている産業社会学部の丹波史紀先生，そして丹波先生を中心とした研究会においてご助言をくださる大学院社会学研究科研究生の黒川奈緒さんなどからも社会福祉学の基礎を学ぶ貴重な機会を設けていただいている。

　ほかにも，学部時代から長きにわたって，龍谷大学法学部の赤池一将先生，金尚均先生，龍谷大学矯正・保護総合センターの我藤諭さん，石塚ゼミの先輩でもある社会福祉法人南高愛隣会法人本部の南口芙美さんなど，多くのみなさんからご指導をいただき続けている。

　旬報社編集部の真田聡一郎さんは，まだ海の物とも山の物ともつかないわたしに，チャンスを与え続けてくださっている。はじめての編著書を鮮やかに世に送りだしてくださった真田さんに，おそるおそる単著の相談をしたときも「理論的に書かれた先生の著作を読んでみたい」と，背中を押してくださった。真田さんという信頼できるベテラン編集者のもとで，安心して執筆できたこともまた，研究者として恵まれた環境にあるといえるだろう。

　さらに，わたしが編集者をしていたころにわたしの仕事をサポートしてくださっていた校正者の徳田真紀さんにも無理をお願いして，面倒なデータの整理等を助けていただいた。同じく元同僚であったベテラン校正者の瀧本佳代さんにも本書全体に目をとおし，丹念な校正をしていただくことができ

た。

　ここにお世話になったかた全員のお名前を挙げることはできないが，調査に応じてくださった多くのかたがたを含めたすべてのみなさんに，この場を借りてお礼を申しあげたい。「本当にありがとうございました」。

　最後に，仲間たちからはすこし遅れて若手研究者としてのキャリアを始めることを許してくれた，父・和實，母・玲子，幼少期から変わらず見守りつづけてくれている祖父・伊藤松之助，祖母・基江にも感謝の気持ちを伝えたい。

　　2020年5月3日
　　　　　すべての市民が人間としての尊厳をもって生きられる日本社会を願って
　　　　　　　　　　　　　　　　　　　　　　　　　　　　　掛川 直之

＊本書は，日本学術振興会特別研究員奨励費（課題番号：17J11021）「矯正施設等出所者の包摂型居住支援に関する研究」および同若手研究（課題番号：19K13943）「犯罪からの離脱を支えるための地域を基盤としたソーシャルワーク実践に関する研究」による研究成果の一部である。

参照文献

Irwin, John（1980）*"Prisons in Turmoil"* Little, Brown.

明石史子（2015）「犯罪者はどのように生活を変容させるのか：犯罪からの離脱（デシスタンス）とアイデンティティの変容」罪と罰52巻4号，53-64頁。

秋山雅彦（2012）「自立準備ホームにおける支援の実践：東京都における NPO の経営を通じて」ホームレスと社会6号，38-45頁。

坏洋一（2010）「生活保護と差別」藤村正之編著『福祉・医療における排除の多層性』明石書店，19-54頁。

荒川歩（2018）「犯罪」北村英哉・唐沢穣編『偏見や差別はなぜ起こる？：心理メカニズムの解明と現象の分析』ちとせプレス，221-236頁。

Arendt, Hannah（1951）*"The Origins of Totalitarianism"* Meridian Books（＝〔大島通義・大島かおり訳〕（1974）『全体主義の起源』みすず書房）.

Allen, Francis A.（1981）*"The Decline of the Rehabilitative Ideal: Penal Policy and Social Purpose"* Yale University Press.

Andrews, Donald Arthur. Bonta, James, & Hoge, Robert（1990）'Classification for Effective rehabilitation: Rediscovering Psychology' *Criminal Justice and Behavior* 17 pp.19-52.

Andrews, Donald Arthur. & Bonta, James（2010）*"The Psychology of Criminal Conduct 5th edition"* Routledge.

飯田智子（2016）「刑事司法手続きにおける貧困への対応：『入口支援』から」貧困研究16号，77-89頁。

飯田智子（2019）「制度の枠からこぼれ落ちてしまう人へのソーシャルワーク」ソーシャルワーク学会誌38号，52-54頁。

石田基広・金明哲編著（2012）『コーパスとテキストマイニング』共立出版。

石塚伸一（2002）「世紀末の刑事立法と刑罰理論」法の科学32号，36-49頁。

石塚伸一（2009）「刑事政策における社会的包摂の意義と課題」日本犯罪社会学会編『犯罪からの社会復帰とソーシャル・インクルージョン』現代人文社，115-134頁。

石塚伸一（2016）「犯罪学者のアイロニー：犯罪の減少をどう説明するか？」龍谷大学社会科学研究年報47号，57-72頁。

一般社団法人全国地域生活定着支援センター協議会（2012）『平成23年度 厚生労働省社会福祉推進事業 地域生活定着支援センターガイドブック 平成24年版』一般社団法人全国地域生活定着支援センター協議会。

一般社団法人全国地域生活定着支援センター協議会（2020）『令和元年度 厚生労働省社会福祉推進事業 地域生活定着支援センターガイドブック 令和2年版』一般社団法人全国地域生活定着支援センター協議会。

一般社団法人よりそいネットおおさか（2014）『厚生労働省平成25年度 セーフティネッ

ト支援対策等事業社会福祉推進事業　更生保護施設および更生保護施設入所者・退所者の実態に関する調査報告書』一般社団法人よりそいネットおおさか。

伊藤康一郎（2012）「理想的な被害者：ステレオタイプの構築と克服」法学新法118巻9＝10号，87-107頁。

伊藤冨士江（2013）『司法福祉入門：非行・犯罪への対応と被害者支援〔第2版〕』ぎょうせい。

糸賀一雄（1968）『福祉の思想』NHK出版。

稲沢公一・岩崎晋也（2008）『社会福祉をつかむ』有斐閣。

稲葉剛・小川芳範・森川すいめい編（2018）『ハウジングファースト：住まいからはじまる支援の可能性』山吹書店。

今福章二（2002）「更生保護施設における処遇に関する研究」法務研究報告集89集3号。

岩田正美（2008）『社会的排除：参加の欠如・不確かな帰属』有斐閣。

岩田正美（2010）「社会的排除：ワーキングプアを中心に」日本労働研究雑誌597号，10-13頁。

岩橋誠治（2015）「ズレてる支援／おりあう支援」寺本晃久・岡部耕典・末永弘・岩橋誠治『ズレてる支援！：知的障害／自閉の人たちの自立生活と重度訪問介護の対象拡大』生活書院，88-155頁。

岩間伸之（2011）「地域を基盤としたソーシャルワークの特質と機能：個と地域の一体的支援の展開に向けて」ソーシャルワーク研究37巻1号，4-19頁。

岩間伸之（2014）『支援困難事例と向き合う：18事例から学ぶ援助の視点と方法』中央法規。

岩間伸之・野村恭代・山田英孝・切通堅太郎（2019）『地域を基盤としたソーシャルワーク：住民主体の総合相談の展開』中央法規。

Wacquant, Loïc（2009）"Prisons of Poverty" Minneapolis（＝〔森千香子・菊池恵介訳〕（2009）『貧困という監獄：グローバル化と刑罰国家の到来』新曜社）.

Veysey, Bonita M.（2008）'Rethinking Reentry' The Criminologist 33（3）pp.1-5.

Veysey, Bonita M.（2015）'Offender Rehabilitation and Reform' Annual Report for 2014 and Resource Material Series 96 pp.58-62.

West, Gordon（1983）'The Short Term Careers of Serious Thieves' Canadian Journal of Criminology 20（2）pp.169-190.

上田敏（1983）『リハビリテーションを考える：障害者の全人間的復権』青木書店。

上野谷加代子（2015）「『福祉ガバナンスとソーシャルワーク』研究の意義と到達点」上野谷加代子・斉藤弥生編著『福祉ガバナンスとソーシャルワーク：ビネット調査による国際比較』ミネルヴァ書房，1-9頁。

内田博文（2014）「社会モデルと更生保護」神戸学院法学43巻3号，1-103頁。

内田博文（2015）『更生保護の展開と課題』法律文化社。

Alcock, Pete et al.（2008）"The Student's Companion to Social Policy 3rd edetion" Wiley-Blackwell.

大阪市生活保護行政問題全国調査団（2014）『大阪市の生活保護でいま，なにが起きて

いるのか：情報公開と集団交渉で行政を変える！』かもがわ出版。

太田達也（2013）「刑事政策と福祉政策の交錯：〈司法の福祉化〉と〈福祉の司法化〉」罪と罰50巻3号，63-72頁。

岡村重夫（1983）『社会福祉原論』全国社会福祉協議会。

岡邊健（2015）「計量分析からみるわが国の少年非行：再非行の状況を中心に」刑政126巻6号，46-59頁。

岡邊健（2016）「再犯・再非行データの意義と可能性：平成28年版犯罪白書特集『再犯・再非行』を読んで」罪と罰54巻1号，5-15頁。

岡部耕典（2008）「いうまでもないことをいわばならない『この国』の不幸：制度論」寺本晃久・岡部耕典・末永弘・岩橋誠治『良い支援？：知的障害／自閉の人たちの自立生活と支援』生活書院，244-265頁。

奥田知志・稲月正・垣田裕介・堤圭史郎（2014）『生活困窮者への伴走型支援：経済的困窮と社会的孤立に対応するトータルサポート』明石書店。

小熊英二（2019）『地域をまわって考えたこと』東京書籍。

掛川直之（2016a）「矯正施設等出所者に対する居住支援：刑事司法領域における現状と課題」居住福祉研究21号，45-64頁。

掛川直之（2016b）「地域福祉課題としての出所者支援」水野有香編『地域で支える出所者の住まいと仕事』法律文化社，63-77頁。

掛川直之（2017a）「当事者の語りから汲みとる出所者のニーズ」安田恵美・掛川直之編『刑務所出所者の更に生きるチカラ　それを支える地域のチカラ』大阪市立大学都市研究プラザ，33-38頁。

掛川直之（2017b）「再犯防止時代の地域福祉援助」更生保護68巻11号，23-26頁。

掛川直之（2018a）「救護施設における出所者の受入れ実態と課題：地域生活定着支援センターとの連携に関する全国調査研究結果から」居住福祉研究24号，58-73頁。

掛川直之（2018b）「自立準備ホームの現状と課題」龍谷大学矯正・保護総合センター研究年報7号，101-110頁。

掛川直之（2018c）「『緩やかな紐帯』の形成にむけて：出所者支援ネットワークの挑戦」関西都市学研究2号，66頁。

掛川直之（2019）「再犯しないことが社会復帰なのか？：国会会議録のテキスト分析を中心に」龍谷大学矯正・保護総合センター研究年報8号，132-152頁。

掛川直之（2020）「持続可能な地域生活定着支援センター運営にむけての一考察：『地域生活定着支援センターの受託団体変更に関する全国調査』結果から」龍谷大学矯正・保護総合センター研究年報9号，98-113頁。

Caspi, Avshalom and Moffitt, Terrie Edith（1995）'The continuity of maladaptive behavior: From description to understanding in the study of antisocial behavior' Cicchetti, Dante and Cohen J, Donald *"Developmental psychopathology vol 2 Risk, Disorder, and Adaptation"* pp.472-511.

堅田香緒里・宮下ミツ子（2012）「貧者の統治の質的変容：生活保護への警察官OB配置問題を通して」現代思想40巻11号，140-154頁。

勝田聡（2016）「リスク・ニード・リスポンシビティモデルを踏まえた保護観察処遇についての考察」人文社会科学研究32号，63-76頁。

勝部麗子（2020）「地域共生社会の実現へ：豊中のコミュニティソーシャルワークの実践から」上野谷加代子編著『共生社会創造におけるソーシャルワークの役割：地域福祉実践の挑戦』ミネルヴァ書房，265-277頁。

加藤幸雄（2013）「監修のことば：社会福祉学の立場から」加藤幸雄・前田忠弘監修／藤原正範・古川隆司編『司法福祉：罪を犯した人への支援の理論と実践』法律文化社，222-224頁。

加藤博史（2013）「現代社会と司法福祉」加藤博史・水藤昌彦編『司法福祉を学ぶ：総合的支援による人間回復への途』ミネルヴァ書房，1-24頁。

我藤諭（2012）「刑事司法統計にみる社会的支援が必要な者たち」龍谷大学矯正・保護総合センター研究年報2号，97-119頁。

金井壽宏（2011）「監訳者による序文」シャイン，エドガー〔金井壽宏監訳〕『人を助けるとはどういうことか：本当の『協力関係』をつくる7つの原則〔第2版〕』英治出版（＝ Schein, Edgar（2009）*"HELPING: How to Offer, Give, and Receive Help"* Berrett-Koehler Publishers)。

金澤真理（2012）「更生保護の現代的意義」浅田和茂・川﨑英明・葛野尋之・前田忠弘・松宮孝明編集委員『刑事法理論の探求と発見：斉藤豊治先生古稀祝賀論文集』成文堂，435-453頁。

金澤真理（2015）「日本の行刑改革と社会復帰理念」髙田昌宏・野田昌吾・守矢健一編『グローバル化と社会国家原則：日独シンポジウム』信山社，349-363頁。

上岡陽江・大嶋栄子（2010）『その後の不自由：「嵐」のあとを生きる人たち』医学書院。

上岡陽江・ダルク女性ハウス（2012）『生きのびるための犯罪』イースト・プレス。

萱沼美香（2017）「社会保障からみた社会復帰の課題」加藤幸雄・前田忠弘監修／藤原正範・古川隆司編『司法福祉：罪を犯した人への支援の理論と実践〔第2版〕』法律文化社，196-202頁。

川出敏裕・金光旭（2012）『刑事政策』成文堂。

菊田幸一（2007）「社会内処遇の受容と拒否」菊田幸一・西村春夫・宮澤節夫編『社会のなかの刑事司法と犯罪者』日本評論社，539-548頁。

菊池馨実（2012）「司法福祉と社会福祉：触法高齢者・障害者支援を中心に」日本社会保障法学会編『ナショナルミニマムの再構築』法律文化社，311-328頁。

岸政彦（2010）「南高愛隣会見学記：普通の場所で，普通の暮らし」矯正講座30号，215-217頁。

木戸宜子（2019）「ソーシャルワークの統合化とジェネラリスト・ソーシャル」木村容子・小原眞知子編『ソーシャルワーク論』ミネルヴァ書房，175-192頁。

木下大生（2018）「地域共生社会構築に向けた罪を犯した知的障害者へのソーシャルワーク」ソーシャルワーク研究44巻1号，44-50頁。

葛野尋之（2011）「社会的排除と刑事法：新自由主義時代の市民刑事法の課題」法の科学42号，65-76頁。

熊谷晋一郎（2012）「自立は，依存先を増やすこと　希望は，絶望を分かち合うこと」
　　TOKYO 人権56号，2 - 4 頁。

熊谷晋一郎（2018）「不要とされる不安が広がる日本」Buzz Feed News 2018年10月 2 日
　　更新（https://www.buzzfeed.com/jp/naokoiwanaga/kumagaya-sugitamio-3　最終閲覧日
　　2019年 9 月30日）。

Christie, Nils（1981）*"Limits to Pain: The Role of Punishment in Penal Policy"* Universitets-
　　forlaget（=〔立山龍彦訳〕（1987）『刑罰の限界』有信堂）.

Christie, Nils（1986）'The Ideal Victim' Fattah, Ezzat A. ed. *"From Crime Policy to Victim
　　Policy"* Macmillan.

クリスティ，ニルス〔浜井浩一監訳〕（2011）「他者との出会い（他者を知る）」龍谷大
　　学矯正・保護総合センター研究年報 1 号，4 -17頁。

國分功一郎（2019）「中動態／意志／責任をめぐって」精神看護22巻 1 号，5 -20頁。

小長井賀與（2013）『犯罪者の再統合とコミュニティ：司法福祉の視点から犯罪を考える』
　　成文堂。

Goffman, Erving（1961）*"Asylums: Essays on the Condition of the Social Situation of Mental
　　Patients and Other Inmates"* Anchor（=〔石黒毅訳〕（1984）『アサイラム：施設被収容
　　者の日常世界』誠信書房）.

Goffman, Erving（1963）*"Stigma: Notes on the Management of Spoiled Identity"* Pren-
　　tice-Hall（=〔石黒毅訳〕（2001）『スティグマの社会学：烙印を押されたアイデンティ
　　ティ』せりか書房）.

桜井啓太（2017）『〈自立支援〉の社会保障を問う：生活保護・最低賃金・ワーキングプ
　　ア』法律文化社。

Sampson, Robert and Laub, John（1995）*"Crime in the Making: Pathways and Turning Points
　　through Life"* Harvard University Press.

Gendreau, Paul and Ross, Bob（1979）'Effective Correctional Treatment: Bibliotherapy for
　　Cynics' *Crime and Delinquency* 25（4）pp.463-489.

志賀信夫（2016）『貧困理論の再検討：相対的貧困から社会的排除へ』法律文化社。

島和博（1997）「市民による野宿者『問題』の認知とその『解決』」犯罪社会学研究22号，
　　28-50頁。

島和博（2009）「ホームレス『問題』の過去と現在」森田洋二監修・森田洋二ほか編『新
　　たなる排除にどう立ち向かうか：ソーシャル・インクルージョンの可能性と課題』学
　　文社，103-121頁。

全泓奎（2015）『包摂型社会：社会的排除アプローチとその実践』法律文化社。

Johnson, Louise and Yanca, Stephen（2001）*"Social Work Practice: A Generalist Approach,
　　7th ed"* Prentice Hall（=〔山辺朗子・岩間伸之訳〕（2004）『ジェネラリスト・ソーシャ
　　ルワーク』ミネルヴァ書房）.

白崎朝子（2020）『ケアという「しごと」』現代書館。

末永弘（2015a）「支援は常にズレている」寺本晃久・岡部耕典・末永弘・岩橋誠治『ズ
　　レてる支援！：知的障害／自閉の人たちの自立生活と重度訪問介護の対象拡大』生活

書院，156-180頁。

末永弘（2015b）「将来の支援の担い手について」寺本晃久・岡部耕典・末永弘・岩橋誠治『ズレてる支援！：知的障害／自閉の人たちの自立生活と重度訪問介護の対象拡大』生活書院，331-370頁。

Standing, Guy（2011）*"The Precariat: The New Dangerous Class"* Bloomsbury.

瀬川晃（1997）「司法と福祉の今日的課題」犯罪社会学研究 22号，4－5頁

瀬川晃（2011）「犯罪者の社会内処遇の変遷と現在」瀬川晃編集代表『大谷實先生喜寿記念論文集』成文堂，107-138頁。

Social Exclusion Unit（2002）*"Reducing Re-offending by Ex-prisoners"* Office of the Deputy Prime Minister.

Social Exclusion Unit（2004）*"Breaking the Cycle: Taking Stock of Progress and Priorities for the Future"* Office of the Deputy Prime Minister.

Zolli, Andrew and Healy, Marie Ann（2012）*"Resilience: Why Things Bounce"* Back Free Press（＝〔須川綾子訳〕（2013）『レジリエンス　復活力：あらゆるシステムの破綻と回復を分けるものは何か』ダイヤモンド社）.

染田恵（2015）「日本における多機関連携の実際」松本勝編著『更生保護入門〔第4版〕』成文堂，190-225頁。

高橋有紀（2018）「立ち直りを支える居住・就労支援のあり方」刑事立法研究会編『「司法と福祉の連携」の展開と課題』現代人文社，269-284頁。

武川正吾（2011）「居住福祉学の理論的基礎」野口定久・外山義・武川正吾編『居住福祉学』有斐閣，7-33頁。

竹端寛（2012）『枠組み外しの旅：「個性化」が変える福祉社会』青灯社。

竹端寛（2013）『権利擁護が支援を変える：セルフアドボカシーから虐待防止まで』現代書館。

竹村典良（1997）「刑罰と福祉のエピステモロジー（科学的認識論)」犯罪社会学研究22号，6-27頁。

田島良昭（2009）「平成21年度厚生労働科学研究費補助金　触法・被疑者となった高齢・障害者への支援の研究に関する調査報告書」。

多田一・東山哲也（2009）「受刑者に対する保護的措置に関する研究」中央研究所紀要19号。

玉木千賀子（2019）『ヴァルネラビリティへの支援：ソーシャルワークを問い直す』相川書房。

津島昌寛（2010）「貧困と犯罪に関する考察：両者の間に因果関係はあるのか？」犯罪社会学研究35号，8-20頁。

寺本晃久（2008a）「意思を尊重する，とは：ある『支援』論」寺本晃久・岡部耕典・末永弘・岩橋誠治『良い支援？：知的障害／自閉の人たちの自立生活と支援』生活書院，161-183頁。

寺本晃久（2008b）「あとがき：『お決まり』から抜け出す」寺本晃久・岡部耕典・末永弘・岩橋誠治『良い支援？：知的障害／自閉の人たちの自立生活と支援』生活書院，282-

293頁。

寺本晃久（2015）「何を基準に支援するか」寺本晃久・岡部耕典・末永弘・岩橋誠治『ズレてる支援！：知的障害／自閉の人たちの自立生活と重度訪問介護の対象拡大』生活書院、51-64頁。

土井政和（2007）「更生保護制度改革の動向と課題」刑事立法研究会編『更生保護制度改革のゆくえ：犯罪をした人の社会復帰のために』現代人文社、2-19頁。

土井政和（2012）「日本における非拘禁的措置と社会内処遇の課題」刑事立法研究会編『非拘禁的措置と社会内処遇の課題と展望』現代人文社、8-35頁。

土井政和（2014）「はじめに」犯罪社会学研究39号、4-6頁。

土井政和（2018）「『刑事司法と福祉の連携』の権利論的構成」刑事立法研究会編『「司法と福祉の連携」の展開と課題』現代人文社、3-23頁。

特定非営利活動法人ホームレス支援全国ネットワーク（2018）「2017年度社会福祉推進事業　生活困窮者や住宅確保要配慮者に対する居住確保と生活支援を総合的に行う人材の育成に関する研究事業　調査報告書」特定非営利活動法人ホームレス支援全国ネットワーク。

特定非営利活動法人やどかりサポート鹿児島（2018）「平成29年度生活困窮者就労準備支援事業費等補助金（社会福祉推進事業分）生活困窮者、高齢者、障害者等に対する居住支援の現状と課題解決のあり方に関する調査研究事業」特定非営利活動法人やどかりサポート鹿児島。

独立行政法人国立重度障害者総合施設のぞみの園編（2017）『理論と実践で学ぶ知的障害のある犯罪行為者への支援』独立行政法人国立重度障害者総合施設のぞみの園。

中島隆信（2011）「経済学の視点から見た刑事政策」犯罪社会学研究36号、42-61頁。

中村正（2018）「治療的司法と社会臨床：ケアとジャスティスの統合をとおして」指宿信監修/治療的司法研究会編著『治療的司法の実践：更生を見据えた刑事弁護のために』第一法規、349-366頁。

那須耕介（2020）「ナッジ⁉　強制と放任のあいだで」那須耕介・橋本努『ナッジ：自由でおせっかいなリバタリアン・パターナリズム』勁草書房、1-10頁。

ニィリエ，ベンクト〔河東田博訳〕（2004）『ノーマライゼーションの原理：普遍化と社会変革を求めて〔新訂版〕』現代書館（＝ Nirje, Bengt (1992) *"The Normalization Principle Papers"* Centre for Handicap Research, Uppsala University）.

日本犯罪社会学会編（2009）『犯罪からの社会復帰とソーシャル・インクルージョン』現代人文社。

日本犯罪社会学会編（2011）『犯罪者の立ち直りと犯罪者処遇のパラダイムシフト』現代人文社。

Newman, Graeme (1975) 'A Theory of Deviance Removal' *The British Journal of Sociology* 26 (2) pp.203-217.

野口定久（2011）「コミュニティと居住福祉」野口定久・外山義・武川正吾編『居住福祉学』有斐閣、136-157頁。

野村恭代（2013）『精神障害者施設におけるコンフリクト・マネジメントの手法と実践：

地域住民との合意形成に向けて』明石書店。

野村恭代（2014）「信頼社会の構築へ：合意形成のためのリスクコミュニケーション手法」TASC MONTHLY 457号，6 -12頁。

野村恭代（2017）「居住福祉を基調とした地域福祉政策における専門職の役割」大阪市立大学都市研究プラザ編『包摂都市のレジリエンス：理念モデルと実践モデルの構築』水曜社，207-217頁。

Bauman, Zygmunt（1998）*"Work, Consumerism and the New Poor"* Open University Press.

Bauman, Zygmunt（2000）*"Liquid Modernity"* Polity Press（=〔森田典正訳〕（2001）『リキッド・モダニティ：液状化する社会』大月書店）.

Bauman, Zygmunt（2004）*"Wasted Lives: Modernity and its Outcasts"* Polity Press（=〔中島道男訳〕（2007）『廃棄された生：モダニティとその追放者』昭和堂）.

Bauman, Zygmunt（2005）*"Liquid Life"* Polity（=〔中島道男訳〕（2007）『廃棄された生：モダニティとその追放者』昭和堂）.

Padgett, K. Deborah, Henwood, F. Benjamin and Tsemberis, J. Sam（2015）*"Housing First: Ending Homelessness, Transforming Systems, and Changing Lives"* Oxford University Press.

橋本恵一（2016）「ホームレス支援と出所者支援の地平」水野有香編『地域で支える出所者の住まいと仕事』法律文化社，42-52頁。

橋本恵一（2018）「出所者は何を心のよりどころにするのか：当事者主体の支援の必要性」掛川直之編著『不安解消！ 出所者支援：わたしたちにできること』旬報社，68-82頁。

浜井浩一（2006）『刑務所の風景：社会を見つめる刑務所モノグラフ』日本評論社。

浜井浩一（2009）『2円で刑務所，5億で執行猶予』光文社。

浜井浩一（2011）『実証的刑事政策論：真に有効な犯罪対策へ』岩波書店。

浜井浩一（2013a）『罪を犯した人を排除しないイタリアの挑戦：隔離から地域での自立支援へ』現代人文社。

浜井浩一（2013b）「なぜ犯罪は減少しているのか」犯罪社会学研究38号，53-77頁。

早川和男（1997）『居住福祉』岩波書店。

早川和男（2009）『早川式「居住学」の方法：五〇年の思索と実践』三五館。

原田正樹（2014）『地域福祉の基盤づくり：推進主体の形成』中央法規出版。

原田正樹（2018）「地域共生社会の理念とパラダイム」公益社団法人日本社会福祉士会編『地域共生社会に向けたソーシャルワーク：社会福祉士による実践事例から』中央法規出版，1 -33頁。

樋口耕一（2014）『社会調査のための計量テキスト分析：内容分析の継承と発展を目指して』ナカニシヤ出版。

平井秀幸（2016）「犯罪・非行からの『立ち直り』を再考する：『立ち直り』の社会モデルをめざして」罪と罰53巻6号，77-78頁。

平場安治・平野龍一編（1972）『刑法改正の研究1　概論・総則：改正草案の批判的検討』東京大学出版会。

深谷裕（2018）「出所者支援におけるソーシャルワーカーの役割」掛川直之編著『不安解消！ 出所者支援：わたしたちにできること』旬報社，188-205頁。

フレイレ, パウロ〔三砂ちづる訳〕(2011)『被抑圧者の教育学〔新訳〕』亜紀書房（＝ Freire, Paulo (1968) *"Pedagogia do oprimido"* Verlag Herder）。

フーコー, ミシェル〔田村俶訳〕(1977)『監獄の誕生：監視と処罰』新潮社（＝ Foucault, Michel (1975) *"Surveiller et punir, Naissance de la prison"* Éditions Gallimard）。

福原宏幸編著 (2007)『社会的排除／包摂と社会政策』法律文化社。

藤岡淳子 (2014)『非行・犯罪心理臨床におけるグループの活用：治療教育の実践』誠信書房。

藤岡淳子編著 (2019)『治療共同体実践ガイド：トラウマティックな共同体から回復の共同体へ』金剛出版。

Blumstein, Alfred and Cohen, Jacqueline (1987) 'Characterizing criminal careers' *Science* (237) pp.985-991.

Perry, Tam = Rorai,Vanessa = Sanford, Claudia (2018) 'Housing' Maschi, Tina = Leibowitz, George *"Forensic Social Work Psychosocial and Legal Issues Across Diverse Populations and Settings Second Edition"* Springer Publishing Company.

法務省保護局社会復帰支援室 (2015)「刑務所出所者等の就労支援について：協力雇用主のもとでの就労を拡大するために」更生保護66巻 3 号, 6 -11頁。

法務総合研究所 (2019)『研究部報告59 再犯防止対策等に関する研究』法務省。

本庄武 (2018)「司法と福祉の連携におけるアカウンタビリティのあり方」刑事立法研究会編『「司法と福祉の連携」の展開と課題』現代人文社, 137-155頁。

前田康弘 (2013)「累犯障害者の支援：司法から福祉への架け橋」くらしと教育をつなぐ We184号, 32-41頁。

前野育三 (1981)「『司法福祉』の課題と展望：少年非行問題を中心に」犯罪社会学研究 6 号, 2 -14頁。

前野育三 (2014)「再犯率と再犯者率」前田忠弘・松原英世・平山真理・前野育三『刑事政策がわかる』法律文化社, 37頁。

牧里毎治 (2018)「地域共生社会とソーシャルワーク」ソーシャルワーク研究44巻 1 号, 1 頁。

Maschi, Tina = Leibowitz, George S. = Killian, Mary Lou (2018) 'Conceptual and Historical Overview of Forensic Social Work' Maschi, Tina = Leibowitz, George *"Forensic Social Work Psychosocial and Legal Issues Across Diverse Populations and Settings Second Edition"* Springer Publishing Company.

McArthur, Verne (1974) *"Coming Out Cold: Community Reentry from a State Reformatory"* Lexington Books.

マッキーヴァー, ロバート・モリソン〔中久郎・松本通晴監訳〕(1975)『コミュニティ：社会学的研究 社会生活の性質と基本法則に関する一試論』ミネルヴァ書房（＝ MacIver, Robert Morrison (1924) *"Community: a Sociological Study"* Macmillan and co., limited)。

松端克文 (2015)「地域福祉における『つながりをつくる』機能」上野谷加代子・斉藤弥生編著『福祉ガバナンスとソーシャルワーク：ビネット調査による国際比較』ミネ

ルヴァ書房，39-52頁。

Maruna, Shadd（2001）*"Making Good: How Ex-Convicts Reform and Rebuild Their Lives"* Amer Psychological Assn（=〔津富宏・河野荘子監訳〕（2013）『犯罪からの離脱と「人生のやり直し」：元犯罪者のナラティヴから学ぶ』明石書店）.

水内俊雄（2010）「ホームレス支援による居住福祉の試みとインナーシティ再生」貧困研究 4 号，9 -13頁。

水内俊雄（2017）「『跳ねるベッド』から『安楽ベッド』への変身：大阪市西成区」水内俊雄・福本拓編『都市の包容力：セーフティネットシティを構想する』法律文化社。

水藤昌彦（2018）「対人援助ニーズを有する犯罪行為者への福祉による支援の理論的位置づけ」刑事立法研究会編『「司法と福祉の連携」の展開と課題』現代人文社，25-46頁。

宮﨑理（2018）「社会的に排除されるものとソーシャルワークの価値」ソーシャルワーク研究44巻 3 号，43-50頁。

宮澤浩一（1996）「日本の刑事政策とベッカリーア・メダル」犯罪と非行107号，4 -31頁。

村井敏邦（2006）「不安・不信・不寛容の治安政策」法律時報78巻 6 号，75-79頁。

室田信一（2020）「共生社会づくりの根拠と実践」上野谷加代子編著『共生社会創造におけるソーシャルワークの役割：地域福祉実践の挑戦』ミネルヴァ書房，93-104頁。

米野史健（2010）「住宅弱者に対するさまざまな居住支援の取り組み」ホームレスと社会 2 号，38-47頁。

森久智江（2017）「『犯罪行為者の社会復帰支援』から『人が＜生きる＞を支える』のために：障害者権利条約における人権概念と人権価値の転換による示唆」法政研究84巻 3 号，751-780頁。

矢原隆行（2017）「北欧の刑務所におけるリフレクティング・トークの展開」更生保護学研究10号，18-25頁。

矢原隆行（2019）「面接等におけるリフレクティングの活用」更生保護70巻 7 号，13-16頁。

山北輝裕（2017a）「ハウジング・ファーストに関するノート①：ハウジング・ファーストとは何か」社会学論叢189号，39-69頁。

山北輝裕（2017b）「ハウジング・ファーストに関するノート②：経験的証拠と批判」社会学論叢190号，63-82頁。

山口幸男（1991）『司法福祉論』ミネルヴァ書房。

山田真紀子（2017）「地域生活の定着に向けた取り組み：司法と福祉の架け橋として」ヒューマンライツ352号，2 - 8 頁。

山田真紀子（2018）「地域生活定着支援センターの役割」掛川直之編著『不安解消！ 出所者支援：わたしたちにできること』旬報社，33-35頁。

山梨光貴（2018）「犯罪からの離脱のメカニズム：更生保護の理論的基盤を求めて」大学院研究年報法学研究科編47号，189-205頁。

山本譲司（2003）『獄窓記』ポプラ社。

Young, Jock（1999）*"The Exclusive Society: Social Exclusion, Crime and Difference in Late*

Modernity" SAGE（=〔青木秀男ほか訳〕(2007)『排除型社会：後期近代における犯罪・雇用・差異』洛北出版).

Young, Jock（2007）*"The Vertigo of Late Modernity"* Sage（=〔木下ちがや・中村好孝・丸山真央訳〕(2008)『後期近代の眩暈：排除から過剰包摂へ』青土社)。

吉田研一郎（2014）「更生保護法施行前後における保護観察実務の動向と今後の展望：成人の保護観察を中心に」犯罪社会学研究39号，7 -23頁。

吉原直樹（2018）『都市社会学：歴史・思想・コミュニティ』東京大学出版会。

吉原直樹（2019）『コミュニティと都市の未来：新しい共生の作法』筑摩書房。

Roberts, A. R., and Brownell, P.（1999）'A Century of Forensic Social Work: Bridging the Past to the Present' *Social Work*（44）pp.359-369.

Lofland, John（1969）*"Deviance and Identity"* Prentice-Hall.

Ward, Tony & Maruna, Shadd（2007）*"Rehabilitation: Beyond the Risk Paradigm"* Routledge.

鷲田清一（2015）『「聴く」ことの力：臨床哲学試論』筑摩書房。

鷲野明美（2020）『刑事政策におけるソーシャルワークの有効性：高齢者犯罪への対応に関する日独比較研究』中央経済社。

【著者紹介】

掛川 直之（かけがわ・なおゆき）

　2018年 大阪市立大学大学院創造都市研究科博士課程修了。博士（創造都市）。
　社会科学系出版社編集者，大阪市立大学都市研究プラザ特別研究員（若手・先端都市），
　日本学術振興会特別研究員（DC２），同特別研究員（PD），立命館大学衣笠総合研究
　機構専門研究員等を経て現職。

〔現　　在〕
　東京都立大学人文社会学部助教
〔専　　攻〕
　司法福祉学・地域福祉援助・都市共生社会論
〔主な著作〕
　『不安解消！ 出所者支援：わたしたちにできること』（旬報社，2018年／単編著）
　『出所者支援ハンドブック：刑事司法ソーシャルワークを実践する』（旬報社，2022年
　／共編著）など

犯罪からの社会復帰を問いなおす
──地域共生社会におけるソーシャルワークのかたち

2020年 8 月11日　初版第 1 刷発行
2022年 4 月25日　　　第 2 刷発行

著　　　者　掛川直之
装　　　丁　坂井えみり
発　行　者　木内洋育
編集担当　真田聡一郎
発　行　所　株式会社 旬報社
　　　　　　〒162-0041 東京都新宿区早稲田鶴巻町544　中川ビル 4 階
　　　　　　TEL 03-5579-8973　FAX 03-5579-8975
　　　　　　ホームページ　http://www.junposha.com/
印刷・製本　シナノ印刷 株式会社